Ariel & Shya Kane

Unmittelbare Transformation

Lebe im Augenblick und nicht in Gedanken

WINDPFERD

„Die Klarheit und Konzentration, die ich dadurch erlangt habe, dass ich mit den Kanes und ihrer Sichtweise in Berührung gekommen bin, macht den Unterschied zwischen Leben und Tod aus, wenn ich meine Leute durch einen raucherfüllten Gang führe und wir nach Menschen suchen, die vom Feuer eingeschlossen sind. Ich bin außerordentlich glücklich darüber, dass ich sie getroffen habe."

Leutnant Mike Donlon,
Captain, Feuerwehr New York

„Was die Kanes anzubieten haben, ist ganz einfach – und doch so tiefgründig! In dem Garten, wo alle Blumen der persönlichen Transformation wachsen (und ich habe viele von ihnen ausprobiert!), ist das die Rose. Wie niemand anderes, dem ich jemals begegnet bin, bieten die Kanes mit großer Liebe und Wertschätzung Schlüssel zum Bewusstsein an. Ihre Arbeit ist wirklich bemerkenswert."

Johnny M. Jackson, Jr.
Vorstandsmitglied der Olin Corporation

„Es gehört zu meinem Job, Leute mit Informationen zu versorgen, die ihnen dabei helfen, dass sie ein wunderbares Leben führen können. Ich würde etwas versäumen, wenn ich nicht Working on Yourself Doesn't Work aus ganzem Herzen empfehlen würde. Ariel und Shya Kane sind führend auf dem Gebiet der persönlichen Transformation und haben jedem, der sich ein sinnvolleres und erfüllenderes Leben wünscht, viel zu bieten."

Paul English, Verleger und Schriftleiter
New York Spirit Magazine

„Als Physiker weiß ich nicht, wie sie es anstellen. Doch mein Leben hat dadurch eine Transformation erfahren, dass ich Kontakt zu den Kanes habe. Als schwierige Lebensumstände auftraten – Prostatakrebs, Invalidität meines Sohnes durch einen Hirntumor, Arbeitslosigkeit aufgrund von Stellenabbau –, ist es mir gelungen, kein Opfer zu werden, sondern zentriert zu bleiben und mich auf mein Leben einzulassen."

William R. Ellis, Ph. D.
Vice President, Advanced Technology
Raytheon, ein „Fortune 500" Unternehmen

„Die Kanes erschaffen ein wunderbares Umfeld, wo ich aufhöre, mir Sorgen zu machen. Ihr Buch Working on Yourself Doesn't Work hat es mir ermöglicht, meine Leidenschaft fürs Leben und die Fähigkeit, an etwas Spaß zu haben, wiederzuentdecken.

Ellen Jackson
liebende Mutter und Ehefrau

„In einem Zeitalter der technologischen Revolutionen, die großen Einfluss darauf haben, wie wir arbeiten und kommunizieren, schaffen die Kanes eine Revolution darin, wie wir leben."

Andrew Gideon
Mitinhaber der TAG Online, Inc.

„Mit den Kanes lernte ich lachen
und meine Augen sehend machen.
Was ist, hängt ab von mir allein.
Bewusstsein soll der Schlüssel sein."

Carol Oster Ellis, M. D.
Vorsitzende der New York
Occupational Medical Association

Titel der Originalausgabe:
WORKING ON YOURSELF DOESN'T WORK – A Book About Instantaneous Transformation®

Copyright © 1999 ASK Publications, Inc., New York, N. Y.

Autorisierte Übersetzung aus dem Amerikanischen von Sylvia Luetjohann

2. Auflage 2006
© 2001 by Windpferd Verlagsgesellschaft mbH, Aitrang
Alle Rechte vorbehalten
Umschlaggestaltung: Peter Krafft Design, Bad Krotzingen
Illustrationen: Barnett Plotkin
Autorenfoto: Geert Teuwen
Lektorat: Stephanie Finnen
Gesamtherstellung: Schneelöwe, Aitrang

ISBN 3-89385-369-3

Printed in Germany

ALS SHYA NOCH EIN KLEINER JUNGE WAR,
FRAGTE ER SEINE MUTTER IDA,
WARUM DIE MENSCHEN DENN SO UNGLÜCKLICH SEIEN
UND WARUM ES SOVIEL SCHMERZ UND LEIDEN IN DER WELT GEBE.

„ICH WEISS ES NICHT", ANTWORTETE SIE.
„SO IST ES IMMER GEWESEN.
VIELLEICHT KANNST DU ETWAS DAGEGEN TUN, WENN DU GROSS BIST!"

DIESES BUCH IST UNSEREN ELTERN

GERI UND DON
MAX UND IDA

SOWIE ALL DENEN GEWIDMET,
DIE JEMALS DAVON GETRÄUMT HABEN,
ETWAS ZU VERÄNDERN.

INHALTSVERZEICHNIS

DAS AUSSERGEWÖHNLICHE AN DIESEM BUCH

IST UNSERE PRÄMISSE,

DASS ES NICHTS BRINGT,

AN SICH SELBST ZU ARBEITEN.

WENN DU DEIN LEBEN GRUNDLEGEND

VERÄNDERN WILLST,

BRAUCHST DU NICHTS ANDERES ZU TUN,

ALS IN DEN GEGENWÄRTIGEN AUGENBLICK –

DAS HIER UND JETZT – ZU GELANGEN

UND AUS <u>DIESEM</u> AUGENBLICK HERAUS

ZU LEBEN.

VORWORT

Dieses Buch wird dir Klarheit über einen Weg vermitteln, der dir deine Selbst-Entdeckung erleichtern kann.

Nachdem wir selbst in die meisten Fallen gegangen waren, die einen davon abhalten, im Augenblick zu leben, sind wir zu erfahrenen Wegbegleitern geworden, die viele Menschen durch den Sumpf des Geistes zur Klarheit und Brillanz des Augenblicks geführt haben.

Auf den folgenden Seiten werden wir nicht nur Techniken und Methoden hervorheben, die du dazu nutzen kannst, um dein wahres Potenzial zu erschließen. Wir werden auch darlegen, was dich darin hindert, dein Leben direkt und unmittelbar zu leben. Damit ist gemeint, dass du in deiner Fähigkeit bestärkt werden wirst, das Leben direkt zu erfahren, zu handeln und du selbst zu sein, anstatt darüber nachzudenken, was du als nächstes tun sollst, und dich darum zu sorgen, ob du mit deinem Leben richtig umgehst oder nicht.

EINFÜHRUNG

Viele von uns haben sich auf die eine oder andere Weise einer Therapie unterzogen. Wir haben an Seminaren teilgenommen, deren Themen von der Heilung des inneren Kindes bis zum Zeit-Management reichen. Wir haben Zeit und Geld in alles Mögliche von Meditationsretreats über Feuerlauf bis hin zum Höchstleistungstraining investiert. Wir haben unseren Tagesablauf geplant, unsere Ernährung geändert und unsere Lebensziele visualisiert.

Und doch, auch nachdem wir beide Hunderte von Seminaren und Kursen besucht und jede Menge inspirierender Bücher gelesen hatten, blieb da immer noch ein Gefühl von Leere. Nach jedem Seminar, Retreat oder Buch verfügten wir über ein neues System, wodurch wir das Leben betrachteten. Wir fühlten uns angetörnt oder waren von uns selbst begeistert, veränderten uns manchmal sogar und waren von frischer Lebenskraft erfüllt – doch früher oder später lagen wir nachts wieder wach und dachten: „Es muss doch mehr mit dem Leben auf sich haben als nur das!"

Anfangs konnten wir noch Ziele für unsere Leere verantwortlich machen. Wir hatten eben unsere Ziele nicht erreicht. Doch bald nachdem wir das besaßen, wonach wir gestrebt hatten –

die Wohnung in der Park Avenue, die erfolgreiche Karriere, jede Menge Freunde und eine tolle Beziehung –, wurde die Sinnlosigkeit, das Gefühl, dass wir etwas vermissten, allzu stark, um noch ignoriert werden zu können.

Deshalb verließen wir New York, verkauften unsere Wohnung in der Park Avenue und veranstalteten eine Art Flohmarkt, wo wir all unsere Sachen verkauften. Wir kauften zwei Rucksäcke, einige Vorräte und machten uns auf den Weg in die Welt. Tatsächlich kamen wir nur bis Norditalien. Am Anfang unserer Weltreise machten wir Halt in einem Meditationscenter, wo wir uns zu einem weiteren dreiwöchigen Workshop angemeldet hatten. Aber diesmal war etwas anders als sonst. Als wir zu diesem Center kamen, hörten wir auf davonzulaufen – davonzulaufen vor der inneren Leere und letztlich vor uns selbst.

Wir blieben fast zwei Jahre dort und überprüften, hinterfragten alles: unsere Gedanken, unsere Kultur, unsere Wahrheit, ja sogar, ob wir weiter zusammenbleiben sollten. Wir nahmen an Gruppen teil, die oft über Monate gingen und sich mit Heilung, Atem, Tanz, Intuition und Massage beschäftigten; auch ein fortgeschrittenes Beratertraining war dabei. Unser letzter Workshop war ein sechsmonatiger Meditations-Intensivkurs rund um die Uhr.

Am Ende dieser sechs Monate wollten wir an keinen weiteren Workshops mehr teilnehmen. Wir sagten „Genug, es reicht!" Wir waren es leid geworden, ständig an uns zu arbeiten (und kurz darauf hörten wir auch auf, aneinander zu arbeiten). Mittlerweile hatten wir es geschafft, fast das ganze Geld auszugeben, das wir aus dem Wohnungsverkauf bekommen hatten. Unsere Kreditkarten hatten ihr Limit erreicht, aber wenigstens hatten wir noch einander und ein neu gewonnenes Selbstgefühl. Als wir wieder in den Vereinigten

Staaten landeten, liehen wir uns ein Auto, fuhren nach San Francisco und mieteten uns dort ein Zimmer.

Etwa zu dieser Zeit begannen wir festzustellen, dass wir reich waren. Obwohl wir nur sehr wenig Geld besaßen, fühlten wir uns innerlich wohl. Wir liebten uns, wir waren erfüllt und es beunruhigte uns auch nicht, dass wir nicht genau wussten, was wir als Nächstes im Leben tun würden. Wir fühlten inneren Frieden. Abends lasen wir uns gegenseitig laut aus einem Buch mit dem Titel *Die Zen-Lehre vom Ungeborenen* vor, das die Darlegungen und Belehrungen des Zen-Meisters Bankei aus dem 17. Jahrhundert über das Thema der Selbst-Verwirklichung enthält. Bald wurde uns klar, dass wir in Übereinstimmung mit der Art und Weise lebten, die in diesem Buch beschrieben ist.

Das wurde auch für unsere Freunde offensichtlich. Die Leute wollten wissen, was denn passiert sei. „Ihr habt euch so verändert", meinten sie. Allein schon durch unsere Nähe fühlten sie sich zentriert und in Einklang mit sich selbst. Wir wurden dazu eingeladen, mit ihnen und ihren Freunden zu sprechen – so wurden unsere ersten Workshops ins Leben gerufen.

Nun ließen wir uns auf ein großartiges neues Abenteuer ein – das Abenteuer unseres Lebens. Wir mussten die Essenz dessen bestimmen und anderen mitteilen, wie wir lebten und welche Einstellung wir dem Leben gegenüber hatten. Dies war eine Herausforderung. Wie drückt man etwas aus, was sich mit Worten nicht ausdrücken lässt? Nachdem wir einmal begonnen hatten, in einem Zustand des Wohlgefühls von Augenblick zu Augenblick zu leben, hatten wir vergessen, dass dies nicht die Norm war. Als wir die Vergangenheit losgelassen hatten, vergaßen wir rasch die ganzen Schmerzen und Mühen, die so sehr zu unserer täglichen Existenz gehört hatten. Nachdem wir – jeder für sich und gemeinsam – so viel in unserem Leben durchgemacht hatten, stellten wir fest, dass uns dies unglaubliche Einsichten beschert hatte. Wenn wir nun Leute sehen, die voller Schmerz vergebens die unnützen Wege entlanglaufen, die wir selbst zurückgelegt haben, dann können wir sagen: „Wir kennen dich. Wir sind auch dort gewesen. Aber es muss für dich nicht so lange dauern wie für uns. Du kannst hier und jetzt, heute, in diesem Augenblick ans Ziel kommen." Und das stimmt! Durch unsere Methode der Unmittelbaren Transformation finden viele Menschen nun rasch ihr wahres Selbst. Das ist aufregend. Wir haben immer wieder gesehen, wie sich ihr Leben – ungeachtet von Alter, Rasse, Geschlecht, Nationalität oder Religion – unmittelbar, in einem Augenblick wandelt. Du brauchst nicht an dir selbst zu arbeiten. Es genügt, mit diesem Augenblick eins zu werden.

Dieses Buch kann die persönliche, die individuelle Transformation erleichtern. Wir haben mit einer Mischung unserer Ideen und persönlichen Erfahrungen viele der Themen angesprochen, die immer wieder in unseren Workshops auftauchen.

Bitte nimm dieses Buch nicht allzu ernst und glaube uns nicht, was wir sagen. Wirklich keiner von uns braucht ein weiteres Glaubenssystem. Wenn du willst, dann kannst du so tun, als ob du einen Fantasy-Roman, einen Thriller oder gute Science-fiction liest.

Und wer weiß – vielleicht wirst du ja unterwegs auf dich selbst stoßen.

Ariel & Shya Kane
(www.ask-inc.com)

„WIE KANN ICH MIR SICHER SEIN?

IN EINER WELT, DIE SICH

STÄNDIG VERÄNDERT ...

WIE KANN ICH MIR SICHER SEIN?"

THE YOUNG RASCALS

WIE KANN ICH MIR SICHER SEIN?

Die Wahlmöglichkeiten, mit denen wir uns heute konfrontiert sehen, sind zweifellos weitaus verwirrender als noch vor Jahren, als die gesellschaftlichen Rollen ziemlich festgelegt waren und man sich blind an die kulturellen Vorgaben halten konnte. Mehr und mehr hat der Einzelne nun die Macht, seinen eigenen Weg zu gehen. Wenn jeder von uns seinen eigenen, seinen einzigartigen Weg einschlägt, tauchen Fragen auf: Ist das, was ich mache, richtig? Bin ich mit dem richtigen Partner zusammen? Ist das die passende Arbeit für mich? Möchte ich Kinder haben? Sollte ich vielleicht umziehen? Wie kann ich mir sicher sein ...

Bei der großen Anzahl an Möglichkeiten, die sich uns heute bieten, möchten wir darauf vertrauen können, dass unsere Wahl gut ist. Wir möchten innerlich stark, aber nicht unnachgiebig sein. Wir möchten uns so fühlen, als habe unser Leben eine Richtung, Zielsetzung und Bedeutung. Wir lesen, forschen und tauschen Ideen aus und hoffen, uns dadurch zentriert und produktiv und voller Lebenskraft zu fühlen. Wir halten nach dem Ausschau, was unsere banale Existenz in ein aufregendes, atemberaubendes Abenteuer verwandeln könnte – und wir suchen nach innerer Ruhe, Gesundheit und Zufriedenheit. Wonach sich die Menschen im Grunde ihres Herzens sehnen, ist von den Weisen aller Zeiten als Erleuchtung und Selbst-Verwirklichung umschrieben worden. Es gibt auch noch andere Synonyme dafür – beispielsweise Nirvana, das Erwachen, der Große Weg, der Himmel auf Erden, Christus-Bewusstsein oder dein Höheres Selbst realisieren.

Wir beide haben, seitdem wir erwachsen sind, fast unser ganzes Leben auf der Suche nach dem Wunderbaren verbracht. Wir hungerten förmlich nach jenem Seinszustand, worin Zufriedenheit, Selbstausdruck und Kreativität begründet sind. Auf der Suche nach jenem schwer fassbaren Zustand haben wir an unzähligen Workshops teilgenommen und sind zu Meistern auf der ganzen Welt gereist – nur um zu entdecken, dass Erleuchtung, Selbst-Verwirklichung und Zufriedenheit in unserem gegenwärtigen Seinszustand bereits existieren.

DER HIMMEL AUF ERDEN

GESCHIEHT GLEICHZEITIG

MIT UNSEREM LEBEN,

SO WIE ES SICH ZEIGT.

GENAU JETZT, IN DIESEM AUGENBLICK.

DER TRICK DABEI IST, TAG FÜR TAG,

VON AUGENBLICK ZU AUGENBLICK

ZUGANG ZU DIESEM GLEICHZEITIG

EXISTIERENDEN ZUSTAND ZU HABEN

– UND NICHT NUR UNTER ANGENEHMEN

UND IDEALEN BEDINGUNGEN.

IN DEN AUGENBLICK GELANGEN

Auf den folgenden Seiten wollen wir die Schlüssel aufzeigen, welche die Tür zu einem Leben im Augenblick öffnen. Dies wird eine transformative Veränderung erlauben und es dir möglich machen, ein lohnenderes, produktiveres und befriedigenderes Leben zu führen. Wir werden auch aufzeigen, was einer lebendigen und vitalen Lebensweise entgegensteht.

PARADOX UND VERWIRRUNG

Wie es heißt, sollen die Tore zur Erleuchtung von zwei Löwen bewacht werden. Einer der Löwen versinnbildlicht das Paradox. Beim Weiterlesen werden dir vielleicht einige Ideen paradox erscheinen – mit anderen Worten, es mag den Anschein haben, dass wir Ideen vorstellen, die in direktem Gegensatz zueinander stehen. Ein Paradox liegt dann vor, wenn diese zwei scheinbar widersprüchlichen Ideen beide wahr sein können. Nimm beispielsweise die Redensart: „Wasser, überall Wasser, und kein einziger Tropfen zu trinken." Nun könnte man annehmen, wenn überall Wasser ist, dass man es dann natürlich auch trinken kann. Wenn du jedoch inmitten des Ozeans auf einem lecken Floß dahintreibst, würde diese Aussage nicht nur der Wahrheit entsprechen, sondern auch ganz und gar plausibel sein.

Der andere Löwe versinnbildlicht die Verwirrung. Wahrscheinlich wirst du anfangs einige der Begriffe in diesem Buch verwirrend finden. Dies ist ein natürlicher Vorgang, weil alles, was neu ist, nicht immer sofort einen Sinn ergibt, da es außerhalb des bereits Bekannten angesiedelt ist. Für jede Verwirrung entschuldigen wir uns schon im Voraus.

ZUHÖREN ALS ZUGANG ZUM AUGENBLICK

Eine Möglichkeit, mit dem Augenblick eins zu werden, besteht darin, wirklich das zu hören, was andere sagen. Wenn du jedem einzelnen Gespräch auf neue Art zuhörst, kann der Akt des Zuhörens dein Leben augenblicklich und unmittelbar verwandeln.

Bei diesem Buch wird das Zuhören zum Lesen. Vielleicht ist das, wovon wir hier sprechen, nicht neu – und doch kann es vielleicht neu für dich sein.

ECHTES ZUHÖREN BEDEUTET,

DEM ANDEREN AKTIV ZUZUHÖREN

IN DER ABSICHT,

DAS GESAGTE VOM STANDPUNKT

DES <u>SPRECHERS</u> ZU HÖREN

Wenn du diese Zeilen liest und die Information als neu betrachten und tatsächlich hören könntest, was wir gerade sagen, dann könnte sich dein ganzes Leben in einem Augenblick verwandeln.

Im Zen gibt es den Begriff „Anfänger-Geist". Der Anfänger-Geist hat keine vorgefasste Meinung, etwas schon zu kennen oder bereits davon gehört zu haben. Für ihn gibt es nur die Möglichkeit von etwas Neuem, von etwas bisher Unbemerktem.

VERGLEICHEN

Vergleichen begrenzt die Möglichkeit, im Augenblick zu leben. Der Geist vergleicht den gegenwärtigen Augenblick mit seinem Speichergedächtnis von anderen Augenblicken. Wenn er sich mit etwas Neuem oder Unvertrautem auseinandersetzt, findet er etwas ihm schon Bekanntes, was er als annehmbare Entsprechung wahrnimmt, und ordnet beides dann in dieselbe Gruppe ein. Das ist nie vollständig zutreffend. Bestenfalls eliminiert er die Nuancen des Lebens – und gerade in diesen Nuancen zeigt sich der Reichtum des Lebens. Schlimmstenfalls sind unsere Deutungen völlig falsch.

Als eine Freundin von uns noch ein kleines Mädchen war, hörte sie das Lied: „My bonnie lies over the ocean". Den Ausdruck „Bonnie" kannte sie nicht, er gehörte nicht zu ihrem Wortschatz. Deshalb deutete sie das, was sie gehört hatte, um in „My body lies over the ocean. My body lies over the sea". Wenn sie die Worte hörte, die sie für einen Teil des Liedes hielt, kamen ihr immer Bilder von jemand in den Sinn, der auf dem Rücken im ruhigen blauen Ozean dahintrieb. Heute, als Erwachsene, erkennt sie nun, dass sie den Text falsch verstanden hat. Was ähnlich oder gleich erschien, war keineswegs das Gleiche. So arbeitet unser Geist immer noch – ob wir alt oder jung sind.

WO BIST DU?

Nehmen wir einmal an, du weißt nicht, wo du dich in New York befindest, und du möchtest zur 72. Straße und zum Broadway kommen. Du kannst dir einen Stadtplan kaufen und herausfinden, wo der Broadway und die 72. Straße sich kreuzen, aber das allein wird dir nichts nützen. Als Erstes musst du wissen, wo du bist. Wenn du nicht weißt, wo du dich in diesem Augenblick befindest, wirst du niemals dahin kommen, wohin du gehen möchtest.

Dein Ausgangspunkt ist also die Entdeckung, wo du bist. Und wenn du dann weißt, wo du dich in diesem Augenblick befindest, kann eine Wandlung eintreten. Dies verlangt ein gewisses Maß an Fügung in dein Leben, wie es sich gerade zeigt.

Wenn du im Wasser bist und dich entspannst, dann trägt es dich. Wenn du dagegen ankämpfst und dich anspannst, dann gehst du unter und ertrinkst. Genauso ist es mit dem Leben.

Wenn du dir dessen gewärtig bist, was in jedem einzelnen Augenblick in deinem Leben geschieht, dann trägt und unterstützt dich das Leben voll und ganz. Wenn du dich aber um mögliche Ereignisse in der Zukunft sorgst, dann bist du nicht gewärtig. Das ist so, als würdest du einatmen, wenn du unter Wasser bist.

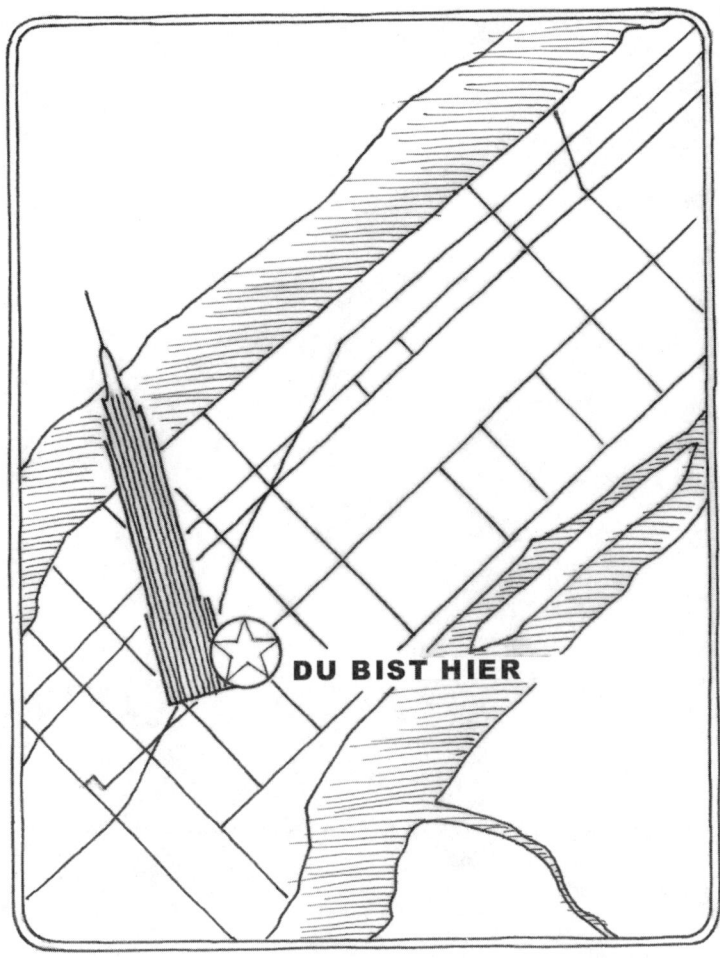

Du gehst unter und ertrinkst. Deshalb fühlen sich viele Menschen von ihrem Leben überwältigt. Sie versuchen, die Aufgabe zu erfüllen, ihr Leben richtig zu leben, anstatt wahrzunehmen, mit wem sie zusammen sind, was sie tun oder wo sie in diesem Augenblick in ihrem Leben stehen.

23

DEIN LEBEN WAHRZUNEHMEN

ODER NEUTRAL ZU BEOBACHTEN

OHNE DEN VERSUCH,

ES ZU BEEINFLUSSEN ODER DAS,

WAS DU SIEHST, ZU VERÄNDERN,

IST TATSÄCHLICH DIE ESSENZ

ODER DER SCHLÜSSELBEGRIFF

DER TRANSFORMATION.

EIN ANDERES WORT FÜR

DIESES NICHT BEURTEILENDE SEHEN

IST BEWUSSTSEIN.

BEWUSSTSEIN

Wir brauchen nicht an uns zu arbeiten. Wir müssen nur auf die Dinge achten, ihrer bewusst sein. Aufzuwachen oder eine Transformation zu erfahren erfordert, Bewusstsein in alles zu bringen, was im Augenblick gerade in deinem Leben vor sich geht. Das bedeutet aber nicht, dass du irgendetwas tun musst, mit dessen Hilfe du dir bewusst wirst. Du brauchst überhaupt nichts dafür tun, es gibt nichts zu verbessern oder zu verändern.

Diese Vorstellung ist für viele schwer zu verstehen, denn oft, wenn sie bei sich etwas wahrnehmen, was sie als negativ empfinden, bewerten sie dies, lehnen es ab und versuchen es zu verändern. Das ist nicht mit Bewusstsein gemeint. Bewusstsein ist neutral.

Wenn du dir einer mechanischen, unwillkürlich ablaufenden Verhaltensweise bewusst wirst, wie beispielsweise an den Nägeln zu kauen, und dies nur feststellst, wird der automatische Vorgang tatsächlich schwächer: Dann bleibt es dir überlassen, angemessen zu handeln und dich zu entscheiden, ob du diese Verhaltensweise fortsetzen willst oder nicht.

DAS PHÄNOMEN DER TRANSFORMATION

Transformation vollzieht sich eigentlich nicht durch Worte. Transformation ist eine Erfahrung, kein Begriff – doch der Geist kann nur Begriffe aufnehmen. Zum Beispiel macht es einen großen Unterschied aus, ob du tatsächlich an einem warmen, sonnigen Strand liegst oder nur daran denkst, an einem warmen, sonnigen Strand zu liegen.

Erfahrungen entwickeln sich von selbst zu abstrakten Konzepten. Damit wir etwas anderes als nur eine zeitweilige Wandlung aufrechterhalten können, müssen wir unsere gewohnheitsmäßigen Denkweisen loslassen. Andernfalls holt der Geist jede Transformation ein, kompensiert sie und du stehst wieder am Anfang. Deshalb haben einige Menschen Gipfelerfahrungen gemacht – aber das war es auch nur – ein Gipfel, der nicht anhielt. Für ein Weilchen stellen sie nicht mehr ihre gewohnt mechanische Beziehung zur Welt her; doch dann gewinnt der Verstand wieder seine Kontrolle, und sie kehren geradewegs zu ihren alten Verhaltenssystemen zurück. Und alles ist so, wie es immer war.

Einmal kam ein Mann zu einem Seminar über Unmittelbare Transformation, das wir veranstalteten. Aus seinem Blickwinkel hatte der Abend eine magische Qualität. Er machte sich plötzlich weniger Sorgen. In der folgenden Woche erledigte er die Dinge bei seiner Arbeit mit wenig oder gar keiner Mühe. Zum erstenmal seit Jahren schlief er wieder gut. Er fühlte sich in Übereinstimmung mit seinem ganzen Leben.

Ein Jahr später besuchte er ein weiteres Seminar und war sehr verärgert über uns. „Eigentlich sollte es doch unmittelbar sein", sagte er, „aber es hat nur ein paar Wochen angehalten."

Dieser Mann suchte nach einer Wunderpille. Er wollte sie einmal herunterschlucken und dann keine Aufmerksamkeit mehr darauf verwenden müssen, wie er den Rest seines Lebens verbrachte. Die Wandlung war überhaupt nur deshalb bei ihm hervorgerufen worden, weil unser Seminar ein Umfeld darstellte, wo dieser Mann sich selbst betrachten konnte, ohne an dem, was er sah, etwas auszusetzen. Das Seminar wirkte wie ein neutrales Licht und erhellte einfach das, was sein Leben ausmachte, sodass er es ohne Beurteilung sehen konnte.

Das Bewusstsein, das in dieser Gruppe entstanden war, hatte eine unmittelbare Wandlung zur Folge. Doch Bewusstsein ist kein einmaliger Vorgang. Bewusstsein in unsere Beziehung zu uns selbst und zu unserer Umwelt zu bringen ist eine Lebensweise. Wenn du möchtest, dass solche transformativen Wandlungen von Dauer sind, dann musst du etwas dafür tun, um sie zu fördern. Du würdest ja auch nicht ins Fitness-Studio gehen und sagen: „Oh, was für eine tolle Übung! Nun, das sollte für die nächsten fünf oder zehn Jahre als Körpertraining genügen. In zehn Jahren komme ich wieder." Die Fähigkeit, von Augenblick zu Augenblick zu leben, ist wie ein ungenutztes Talent oder ein zu wenig beanspruchter Muskel. Durch Übung wird er stark, und du kannst Widerstandskraft und Ausdauer bekommen.

Das klingt paradox. Einerseits bringt es nichts, an dir selbst zu arbeiten. Andererseits musst du dich auf dein Leben einlassen und dir darüber bewusst sein, wie du lebst, damit die Transformation zu einer dauerhaften und umfassenden Erfahrung werden kann.

VERÄNDERUNG KONTRA TRANSFORMATION

Früher galt „Transformation" als unverständliches Wort, doch in den letzten Jahren hat dieser Begriff den Sprung in den allgemeinen Sprachgebrauch gemacht. Das hat dazu geführt, dass die Leute meinen, Veränderung und Transformation seien ungefähr dasselbe – doch dem ist nicht so.

Wir als Autoren wollen dich nicht dazu bringen, deine Sprache so zu manipulieren, dass du nach der Lektüre dieses Buches die richtigen Worte verwendest. Wir halten es vielmehr für wichtig, dass du weißt, wovon wir sprechen, wenn wir den Begriff „Transformation" im Gegensatz zu „Veränderung" verwenden. Der nächste Abschnitt widmet sich einer genauen Beschreibung der Unterschiede zwischen beiden, sodass es dir möglich sein wird, den Zustand der Transformation zu erkennen und zu fördern.

Transformation kann nur augenblicklich und unmittelbar erfolgen. Alles, was im Laufe eines Zeitraums geschieht, ist Veränderung. Veränderung ist auf Zuwachs gerichtet und verläuft linear. Sie ereignet sich in der Zeit. Transformation ist dagegen eine sofortige exponentielle Umwandlung, wie ein Zustandswechsel, der gleichzeitig die Vergangenheit und Zukunft mit einschließt. Es ist wie beim Übergang eines Wassermoleküls vom flüssigen in den festen Zustand, der sich in dem Augenblick vollzieht, wenn es 0° Celsius erreicht.

Veränderung ist eine zunehmende lineare Fortbewegung. Sie geschieht über einen Zeitraum hinweg. Sie hat eine Richtung. Sie ist messbar. Sie lässt sich nachweisen. Sie ist logisch. Sie vollzieht sich in aufeinander folgenden Schritten. Veränderung folgt den Gesetzen von Ursache und Wirkung.

Transformation erfolgt dagegen nicht in Schritten, sondern ereignet sich überall sofort, mit einem Male. Sie ist nicht linear. Sie geschieht außerhalb der Zeit. Sie ist unmittelbar.

Veränderung ist an der Vergangenheit/Zukunft orientiert, während Transformation im Jetzt ist. Transformation ist nur im Jetzt und kann nur jetzt, im gegenwärtigen Augenblick, geschehen. Du kannst nicht an dir selbst arbeiten, um dich zu transformieren. Veränderung schließt ein, etwas zu tun, während Transformation eine Art und Weise zu sein ist.

WENN DU HIERHIN GELANGST

– ZU DIESEM AUGENBLICK DES JETZT –

WIRD JEDER TAG AUSSERGEWÖHNLICH:

TIEFGRÜNDIG UND GANZ GEWÖHNLICH

ZUR GLEICHEN ZEIT.

Im Augenblick zu sein erlaubt dir, die Probleme, die während deines Tages auftauchen, die körperlichen Wahrnehmungen, die Emotionen usw. einzubeziehen. Beispielsweise gibt es Tage, an denen du dich nicht wohl fühlst; wenn du aber dein Leben von Augenblick zu Augenblick lebst, dann kannst du unangenehme Gefühle und Wahrnehmungen einbeziehen und trotzdem ein Wohlgefühl dabei empfinden.

Viele Menschen haben die irrige Ansicht, dass man, wenn man eine Transformation erlebt, niemals krank wird und nicht stirbt – sondern in höhere Sphären entschwebt. Sie sind auch der Meinung, dass man dann niemals ärgerlich oder aufgebracht werden sollte. Das ist nicht der Fall. Wenn du wirklich entdeckst, wie du in das Hier und Jetzt gelangst, kannst du alles integrieren, was in deinem Leben geschieht, sodass ein Zustand des Wohlbefindens da ist, den du erfährst und aus dem heraus du lebst.

Transformation wird durch Bewusstsein möglich.

BEWUSSTSEIN IST EIN NICHT BEURTEILENDES
ZEUGE-SEIN, BETRACHTEN ODER SEHEN VON DIR
UND WIE DU MIT DEINEM LEBEN UMGEHST

Die Methode der Unmittelbaren Transformation beruht auf Bewusstsein. Während Veränderung ihrem Wesen nach psychologisch ist und sich an Problemen und ihrer Lösung orientiert, ist Transformation anthropologisch. Anthropologen haben die Aufgabe, einfach nur zu benennen, was sie in einer Kultur oder einem Volksstamm sehen, ohne dies zu beurteilen oder zu deuten. So könnten sie beispielsweise sagen: „Heute morgen um sechs Uhr hat der Stamm geröstete Larven gegessen." Das ist eine einfache Beobachtung. Ein guter Anthropologe würde niemals sagen: „Als Erstes haben diese Barbaren heute diese ekelhaften Larven verzehrt."

Wir möchten damit nahelegen, dass die Dinge ein „Sosein" haben, das nicht kulturell bedingt ist. Durch Bewusstsein kannst du feststellen, was ist – und nicht, was du für schön oder hässlich, für anziehend oder abstoßend hältst. Deine Beurteilungen und vorgefassten Meinungen halten dich davon ab, das Sosein der Dinge zu erkennen.

VERÄNDERUNG KONTRA	TRANSFORMATION
geschieht im Laufe der Zeit	ist unmittelbar
Vergangenheit/Zukunft	gegenwärtiger Augenblick
linear/zunehmend	exponentiell/Quantensprung
psychologisch Ursache/Wirkung	anthropologisch Beobachtung/Bewusstsein
beurteilend	nicht beurteilend
gegensätzlich angeordnet gut/böse richtig/falsch positiv/negativ gewinnen/verlieren	auf dem beruhend, was ist/ Sosein
auf Nachdenken/Überleben beruhend	auf Selbst/Lebendigsein beruhend
vernünftig/logisch	nicht logisch/intuitiv
am Ziel/Tun orientiert	am Sein orientiert
Problem/Lösung	Sosein
Entscheidungen	Wahlmöglichkeiten
manipulativ	kreativ
reaktiv	vorausschauend
ausschließend	einschließend
hierarchisches Denken	Partnerschaft/Teamgeist

VOREINGENOMMEN SEIN

Wenn du dir deiner unbewussten, mechanischen Verhaltensweisen bewusst werden möchtest, ist es als Erstes nützlich, einen ehrlichen Blick auf deine vorgefassten Meinungen und deine Vorurteile zu werfen. Falsche Glaubenssätze, Unwissenheit und Voreingenommenheit halten uns in der Wiederholung von Mustern gefangen. Manchmal hängen wir sogar in unserer Voreingenommenheit gegenüber solchen Vorurteilen fest. Hast du schon einmal jemand mit Nachdruck behaupten hören: „Ich bin nicht voreingenommen!"? In dieser Behauptung ist die versteckte Aussage enthalten: „Nur ‚schlechte' oder ‚dumme' Menschen sind voreingenommen und mit Sicherheit gehöre ich nicht zu denen." Wenn du deine vorgefassten Meinungen als falsch beurteilst, setzt du dir Scheuklappen auf. Du wirst die Wahrheit darüber, auf welche Weise du dich in deinem Leben unbewusst mechanisch verhältst, nicht ohne weiteres erkennen können, weil du nichts falsch machen möchtest. Dieser Weg führt zur Unwissenheit.

IM WÖRTERBUCH WIRD ERLEUCHTUNG

FOLGENDERMASSEN DEFINIERT:

SICH VON UNWISSENHEIT, FALSCHER

ANSCHAUUNG ODER VOREINGENOMMENHEIT

ZU BEFREIEN

Zu leugnen, dass ausnahmslos jeder Vorurteile hat, ist ähnlich wie vorzugeben, dass wir nicht atmen. Wie verhält es sich denn mit der Feststellung: „Oh, was für eine tolle Figur!"? In Bali träumen viele Frauen davon, einen üppigen Hintern und ausladende Hüften zu haben, während die Frauen im Westen emsig damit beschäftigt sind, solche Hüften und ein derartiges Hinterteil verschwinden zu lassen. Hast du jemals in Betracht gezogen, dass dein Bild von der Idealfrau oder dem Idealmann ein kulturell begründetes Vorurteil sein könnte, welches deine Beziehungsfähigkeit hemmt? Vielleicht ist den meisten auch noch nie in den Sinn gekommen, der Gedanke, jemand habe „schöne" Augen, könne ein Vorurteil sein.

Nach der Definition des Wörterbuchs ist ein Vorurteil „eine Meinung, die im Voraus oder ohne Kenntnis oder Nachdenken gebildet wird". Wenn du dein eigenes Eingangstor zur Erleuchtung entdecken möchtest, wirst du dazu bereit sein müssen, deine kulturellen und familiären Vorurteile zu erkennen und dann den Mut zu besitzen, das zu finden, was tatsächlich deiner eigenen Wahrheit entspricht.

DIE SCHEUKLAPPEN ABLEGEN

Zu dem Prozess, dich selbst davon zu befreien, dass du blind deiner kulturell vorgegebenen Sichtweise des Lebens folgst, gehört es herauszufinden, gegen was du dich wehrst. Wenn du dich beispielsweise für einen Weg entscheidest, der sich gegen eine Person, wie ein Elternteil, oder gegen eine Gruppe, wie eine Kirche, richtet, dann engst du damit die Art und Weise, wie du dich in deinem Leben verhalten kannst, auf nur eine Option ein – und diese lautet, „nicht wie die" zu sein. Anstatt dass dir unendlich viele Möglichkeiten und Alternativen im Leben verfügbar sind, wird dein Verhalten auf das genaue Gegenteil von dem beschränkt, dem du dich widersetzt. Auch in solchen Wendungen wie „mit tödlicher Entschlossenheit" oder „sich todsicher sein" kommt dies zum Ausdruck. Es ist kein Zufall, dass beide Begriffe das Wort „Tod" enthalten. Wenn man eine Position bezieht, die keine andere Möglichkeit zulässt, so tötet dies Lebendigkeit und geistigen Elan, die Fähigkeit zu staunen und Kreativität.

IM RECHT SEIN KONTRA LEBENDIG SEIN

Um eine Analogie zu verwenden, könnte man sagen, dass es zwei Häuser gibt, um darin zu leben, dass du aber nur eines von beiden bewohnen kannst. Es gibt das „richtige Haus" und das „lebendige Haus".

Im richtigen Haus bist du im Recht, liegst du „richtig". Es mag sachlich nicht korrekt sein, aber du bist immer im Recht. Mit anderen Worten, dein Standpunkt ist der einzig mögliche und jeder, der nicht mit dir übereinstimmt, ist im Unrecht und liegt „falsch".

Im lebendigen Haus erfährst du Liebe, Gesundheit, Glück, vollkommenen Selbstausdruck, Zufriedenheit, Verbindung mit anderen usw.

In jedem der beiden Häuser musst du Miete bezahlen. Um in dem richtigen Haus zu leben, musst du, um deine Miete zu bezahlen, die Erfahrung von Liebe, Gesundheit, Glück, vollem Selbstausdruck, Zufriedenheit, der Verbindung mit anderen usw. aufgeben.

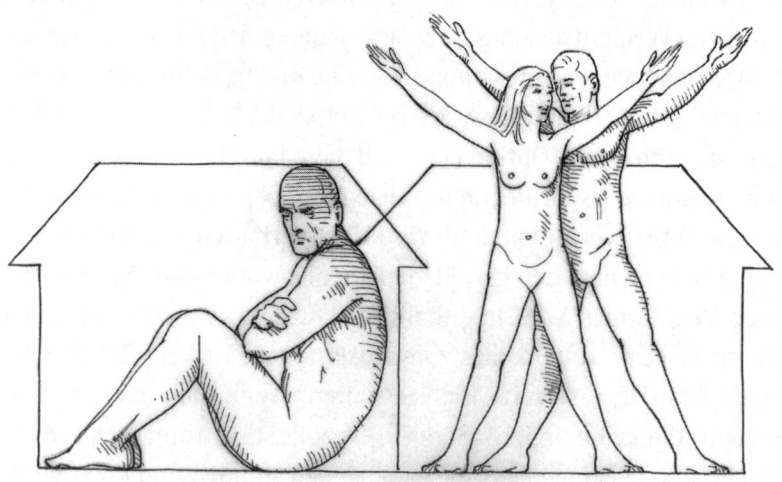

Um in dem lebendigen Haus zu leben, musst du es aufgeben, im Recht zu sein, immer „richtig" zu liegen. Mehr wird für ein lebendiges, mit Freude erfülltes Leben nicht verlangt. Du musst bloß dazu bereit sein, dein Bedürfnis aufzugeben, dass dein Im-Recht-sein sämtliche Aspekte deines Lebens beherrscht. Dies ist besonders dann eine Herausforderung, wenn du tatsächlich Recht hast. Doch wenn du beweisen musst, dass ein anderer im Unrecht ist, wirst du selbst dann der Verlierer sein, wenn du gewinnst. Etwas in dir ist weniger lebendig.

DER TOD DER VERGANGENHEIT

Die meisten von uns sind sehr mit ihrer persönlichen Geschichte verhaftet, mit dem, was in der Vergangenheit geschehen ist, und machen sich oft nicht klar, wie stark dies unser Leben beeinflusst. Wir hängen nicht nur an den Erinnerungen der guten, sondern auch der schlechten Zeiten. Wenn wir all dies aufgäben, so fürchten wir, weniger interessant zu sein oder nicht mehr zu wissen, wer wir überhaupt sind – weil damit ein wichtiger Teil von uns stirbt.

Damit wir unser Potenzial als Menschen voll erfüllen können, müssen wir aber alles loslassen, was wir bereits kennen. Aus Furcht, dass sie sonst nicht weiterexistieren würden, halten die meisten Menschen an dem fest, was sie schon kennen. Wir stecken in den immer gleichen alten Geschichten fest, weil wir sie nie ihr eigenes Ende finden lassen. Das Erwachen – die Fähigkeit, im Augenblick zu leben – ist der Tod des Alten: der bisherigen Wahrnehmung unseres Lebens. Wenn wir unsere Verhaftung mit der Vergangenheit aufgeben, können wir erkennen, wer wir in diesem Augenblick sind.

ERINNERUNGEN:
TATSACHEN ODER ERFINDUNG?

Überprüfen wir einmal kurz unsere Erinnerungen. Die falsche Auffassung ist weitverbreitet, dass unsere Erinnerungen vergangene Ereignisse genau wiedergeben. Tatsächlich aber sind sie nichts weiter als Aufzeichnungen jener Ereignisse aus dem Blickwinkel derjenigen Person, die wir zum damaligen Zeitpunkt gewesen sind.

Hast du dich in den letzten fünf oder zehn Jahren im Leben nicht weiterentwickelt? Wenn du diese Frage bejahst, dann sind selbst deine zutreffendsten Erinnerungen von einer begrenzteren Version deines Ichs aufgezeichnet und im Laufe der Zeit wie eine ständig abgespielte Tonbandaufnahme verzerrt worden. Sicherlich sind unsere Kindheitserinnerungen an Streitigkeiten oder ungerechte Behandlung ursprünglich bestenfalls als Ausdruck der unerfahrenen und unreifen Perspektive eines Kindes zu sehen. Und jedesmal, wenn wir diese Geschichte entweder anderen oder im Geiste uns selbst wieder erzählt haben, ist sie durch die Sichtweise verändert worden, die wir zum jeweiligen Zeitpunkt hatten.

Aus Shyas Sicht erzählt, zeigt das folgende Beispiel, wie verzerrt unsere Erinnerungen tatsächlich sein können:

Ich habe einmal in Maine ein Haus gebaut. Es lag weit drinnen im Wald, und man brauchte ein Auto mit Allradantrieb, um dorthin zu gelangen. Ich erbaute es auf dem Fundament eines alten Bauernhauses, das dort vor langer Zeit gestanden hatte.

Eines Tages kam ein alter Mann des Wegs daher und sagte: „Ich habe hier vor vielen Jahren gewohnt, als ich noch ein Junge war. Ich würde mich wirklich gerne einmal umsehen, wenn ich darf."

„Na klar!" sagte ich. Er war ganz aufgeregt.

„Es gab hier einen sehr großen Keller, ungefähr fünfzehn mal fünfzehn Meter – er war riesig", erzählte er mir.

Also gingen wir hinunter und warfen einen Blick auf den Keller, auf dem ich mein Haus errichtet hatte. Seine wirklichen Maße betrugen nicht mehr als sechs mal sechs Meter. Der alte Mann war entgeistert.

„Das kann doch nicht wahr sein! Er ist so klein. Damals war er viel größer. Er war riesig!"

Als wir die Kellertreppe hinauf ans Tageslicht stiegen, schüttelte der Mann immer noch ungläubig den Kopf.

„Es gab auch einen Brunnen", sagte er dann. „Er war mindestens zwölf bis fünfzehn Meter tief."

Es gab nur einen einzigen Brunnen auf dem Grundstück. Ich hatte mich am Anfang ganz schön abrackern müssen, um ihn zu säubern. Ich musste Schlamm, altes Laub und Schutt herausholen, damit er bis zum Grunde gereinigt war. Ich führte den Mann zu dem Brunnen, der tatsächlich weniger als drei Meter tief war.

Für ein Kind können drei Meter wie fünfzehn Meter aussehen. Doch dies ist nur eine verzerrte Erinnerung aus dem Blickwinkel eines Kindes.

WENN DU AN DEINE VERSION DER VERGANGENHEIT GLAUBST,

IST DEIN LEBEN AUF LÜGEN BEGRÜNDET

Neuere Untersuchungen haben überzeugend belegt, dass „falsche" Erinnerungen sich dem Gedächtnis sogar noch deutlicher einprägen als auf Tatsachen beruhende.

Wissenschaftler an der Western Washington University erklärten ihren Testpersonen bei einem Versuch, es würden ihnen eine Reihe von Fragen über Ereignisse aus ihrer Kindheit gestellt und die Antworten mit den Erinnerungen ihrer Angehörigen an dieselben Vorfälle verglichen.

Es war jedoch ein Trick dabei: Ohne Wissen der Testpersonen erkundigten sich die Forscher nach einem Ereignis, das es in Wirklichkeit nie gegeben hatte. Die Versuchsperson sollte als Kind auf einer Hochzeitsfeier gewesen sein und dabei die Punschbowle über das Kleid der Brautmutter verschüttet haben. Zunächst konnte sich keiner der Teilnehmer an diesen Vorfall erinnern.

Später wurden die gleichen Personen nochmals befragt. Erstaunlicherweise konnten sie sich nun an das fiktive Ereignis „erinnern"; einigen von ihnen fielen sogar bestimmte Details dazu ein.

Wissenschaftler haben außerdem festgestellt, dass falsche Erinnerungen entstehen können, wenn echte Erinnerungen sich mit suggestiver Beeinflussung von anderen vermischen.

Diese Studien erklären einige Erfahrungen, die wir beide auch mit unseren Klienten gemacht haben.

Tom, der Leiter eines Familienbetriebs, erzählte uns beispielsweise, sein Vater habe hohe Anforderungen an ihn gestellt und er sei als Kind immer wieder von ihm gedemütigt worden. Einmal habe der Vater den Rasen noch einmal gemäht, weil er der Meinung gewesen sei, dass Tom dies beim ersten Mal nicht sorgfältig genug gemacht habe.

Bei unserem weiteren Gespräch über diesen Vorfall wurde Tom klar, dass sein Vater – ein Herzchirurg – ein sehr korrekter Mensch war. Tom sah ein, dass sein Vater gar nicht daran gedacht hatte, ihn herabzusetzen, sondern nur wollte, dass der Garten seinen Vorstellungen von Perfektion entsprach. Mit den Augen eines Erwachsenen erkannte er nun, dass die Ansprüche seines Vaters nicht unmäßig waren, sondern dass in Wirklichkeit er – als Zehnjähriger, der eigentlich überhaupt keine Lust gehabt hatte, den Rasen zu mähen – seine Aufgabe nur unzureichend erfüllt hatte.

Anschließend versuchte Tom, der sich von seinem Vater entfremdet hatte, ihr Verhältnis wieder zu verbessern und sich auszusöhnen. Dabei entdeckte er, dass sein Vater viel netter und toleranter war, als er ihn in Erinnerung hatte. Tatsächlich ist er ein großartiger Mensch und Tom hat viele Wesenszüge mit ihm gemeinsam.

Nun kommt Toms Bruder Jim ins Spiel. Jim arbeitete im Ausland für das Familienunternehmen. Als die Brüder sich einmal in der Firmenzentrale trafen, wurden wir zu einer Beratung hinzugezogen. Es überraschte uns, dass Jim während des Gesprächs die gleiche Geschichte über das Rasenmähen und seinen strengen Vater erzählte, der ihn gedemütigt habe – so als habe er alles selbst erlebt. Er schilderte den Vorfall mit der gleichen Anspannung, mit dem gleichen Satzbau und im gleichen Tonfall wie Tom.

Ihre Versionen waren einander so erstaunlich ähnlich, dass wir beiden Fragen zu ihren Geschichten stellten. Dabei entdeckten wir, dass keiner der Brüder sich genau an dieses Ereignis erinnern konnte. In Wirklichkeit war ihnen diese Geschichte von ihrer ältesten Schwester erzählt worden, die „alles mitgekriegt" hatte.

Bis zu diesem Augenblick war es keinem der beiden Männer jemals in den Sinn gekommen, dass ihre ganze Einstellung gegenüber ihrem Vater von der Sichtweise ihrer Schwester geprägt war. Sie hatten sich an das „erinnert", was ihnen im Laufe der Zeit erzählt worden war, so als sei es ihre eigene Erfahrung gewesen.

Rashomon, ein Filmklassiker unter der Regie von Akira Kurosawa, behandelt ein ähnliches Thema. Dieser japanische Film aus den frühen Fünfzigerjahren schildert ein Geschehen, das zwischen einem Mann, seiner Frau und einem Banditen stattfindet, der von Toshiro Mifune dargestellt wird. Diese drei Gestalten durchleben gemeinsam das gleiche Ereignis, doch die Geschichte einer jeden Person bestätigt nur ihre eigene Sichtweise und Erinnerung des Geschehens. Schließlich findet der Zuschauer heraus, was sich tatsächlich zugetragen hat – und dies unterscheidet sich erheblich von den Versionen der drei Betroffenen. Unsere Erinnerungen werden durch unsere Einstellungen und Sichtweisen in eine bestimmte Richtung gelenkt, und wenn wir sie für „die Wahrheit" halten, werden wir mit Sicherheit in die Irre geführt.

UNMITTELBARE TRANSFORMATION

Mittlerweile wirst du dir vielleicht die Frage stellen: „Schön und gut, aber wie funktioniert Unmittelbare Transformation denn nun eigentlich?"

Die folgende Geschichte, aus Ariels Sicht erzählt, veranschaulicht Unmittelbare Transformation in Aktion. Sie spielt auf der Insel Bali in Indonesien, wo wir beide Vorträge auf einer Tagung hielten. Jody war eine Teilnehmerin an dieser Veranstaltung und hatte sich zu einer privaten Beratungssitzung mit uns angemeldet. Als sie in unserem Zimmer erschien, rechnete niemand mit dem, was sich als nächstes ereignen würde.

Es war etwa vier Uhr nachmittags und die Sonne schien durch das Fenster unseres Zimmers im Nusa Dua Beach Hotel. Ich war froh, dass wir eine Klimaanlage hatten, weil ich weder an die Hitze noch an die Feuchtigkeit gewöhnt war. Obwohl wir uns aus Anlass der *Second Annual Earth Conference* auf Bali in Indonesien befanden und fast 20.000 Kilometer von zu Hause entfernt waren, verlor alles das an Bedeutung, als Jody den Raum betrat. Hotelzimmer haben die Eigenschaft, dies zu bewirken. Manche sind hübscher als andere, doch insgesamt besitzen sie eine Anonymität und die Fähigkeit, zeitlos zu sein. Der Hintergrund, die Stadt und selbst das Land – alles kann zurücktreten und nur dich übrig lassen. Das ist fast so, als wären solche Räume leere Gefäße, die darauf warten, mit Tausenden von Augenblicken aus Tausenden von Leben gefüllt zu werden. Ich halte sie selten für ein Heiligtum oder einen Ort, wo eine tief gehende Heilung stattfindet, doch sie können auch das sein.

Jody, eine schlanke Frau, deren lockiges dunkles Haar kräftige graue Strähnen wie Lichttupfer hatte, war ein wenig nervös, als sie hereinkam.

„Warum hast du eine Sitzung mit uns gebucht, Jody? Gibt es etwas Bestimmtes, was du hier erfahren möchtest?" fragte Shya, sobald wir uns alle hingesetzt hatten.

„Ich weiß es nicht. Man hat mir empfohlen, es einmal auszuprobieren, und gesagt, dass es mir wirklich gefallen wird. Ich habe gehört, dass ihr unterschiedliche Arten von Sitzungen macht, dass ihr mit Leuten über Probleme sprecht oder Firmen beratet. Ich habe aber auch gehört, dass ihr auf verblüffende Weise Schmerzen lindern könnt, und offen gestanden bin ich ganz wund davon, mein Gepäck herumzuschleppen. Meine Koffer sind wirklich schwer. Ich weiß nicht, was ich erwarten kann, aber irgendwie habe ich gehofft, dass ihr mich von dem Schmerz in meinen Schultern befreien könnt."

„Einverstanden, Jody, holen wir den Massagetisch heraus. Du kannst dich mit dem Gesicht nach unten legen und wir wollen sehen, was wir für dich tun können."

Ich wusste, dass das, was wir nun im Begriff waren zu tun, wie eine Art von Massage erscheinen würde. Doch in Wirklichkeit ist diese Technik zur Schmerzlinderung, die Shya entwickelt hatte, eine Form von moderner Alchemie. In der alten Alchemie wurde dem Stein der Weisen nachgesagt, dass er Blei oder unedle Metalle in Gold verwandelte. Unsere Technik lässt sich mit dem Stein der Weisen vergleichen. Als Jody es zuließ, sich dem Schmerz und der Anspannung in ihrem Körper zuzuwenden, verschwand beides – unmittelbar.

Wir unterhielten uns und holten die Spannung aus ihren Muskeln heraus. Dabei verfolgten wir eigentlich kein bestimmtes Ziel, sondern ließen sie nur in Fühlung mit dem kommen, was da war. Während Jody jede Stelle spürte, die wir fanden, löste sich diese auf.

Nach einer etwa halbstündigen Behandlung drückte Shya auf eine verspannte Stelle in Jodys Nacken. Ich hatte eine Hand auf den unteren Teil ihres Rückens gelegt, tat aber im Grunde nichts weiter dort, war einfach nur präsent. Jody schien den Atem anzuhalten.

„Atme tief durch den Mund ein, bis hoch in den Brustkasten", sagte ich ruhig dicht an ihrem Ohr und spürte eine Woge von Traurigkeit. „Was ist los, Jody – siehst du etwas vor deinem geistigen Auge?"

Jody atmete unregelmäßig. Fast las ich ihr die Worte vom Munde ab, so kraftlos waren sie, als sie sagte: „Es ist so dumm. Es ist so dumm."

Ich wusste nicht, wovon sie sprach, doch das machte nichts. „Es ist okay, dass es dumm ist. Lass es zu, diese Stelle zu spüren."

„Es ist okay, traurig zu sein", sagte Shya noch ergänzend.

Wie ein Baby, das tief Atem holt, bevor es kräftig zu schreien beginnt, zog Jody die Luft tief in ihre Lungen ein und begann lautlos zu schluchzen.

„Es ist gut, Liebes", flüsterte ich ihr ins Ohr. „Du kannst ruhig laut sein, wenn du möchtest."

Es hätte mich nicht gewundert, wenn jemand, der an unserer Tür vorbeiging, ein kleines Kind hätte sich ausweinen hören, denn so klang es für mich. Ihr Körper wurde von Schluchzern geschüttelt und wir waren einfach bei ihr. Es ist komisch, wie gut es sich damals anfühlte, bei Jody zu sein. Es war fast ein heiliges Gefühl, so als wäre die Quelle des Lebens selbst berührt worden. Ihr Weinen war wie das Lied einer vergessenen Seele, die nach Hause zurückkehrt, nachdem sie lange, lange Zeit draußen in der Kälte gelassen worden war.

„Was geschieht in dem Bild, das du siehst, Jody?" half Shya sanft wieder nach.

„Ich habe Papas Zigaretten angefasst ..." Das letzte Wort ging erneut in Schluchzen über, das eine Weile anhielt. Schließlich versiegten die Tränen und Jody gewann allmählich ihre Beherrschung zurück.

„Es ist so dumm!" wiederholte sie.

„Es macht nichts, wenn das Bild deinem Geist eines erwachsenen Menschen dumm erscheint, Jody. Bewerte es nicht. Aus irgendeinem Grund ist es für dich, als du jünger warst, wichtig gewesen."

„Ich habe Papas Zigaretten angefasst."

„Okay, und wie alt bist du damals gewesen?"

„Vielleicht achtzehn Monate, so in etwa."

„Und was ist damals passiert?"

„Nun, Papa hat mir einen Klaps auf die Hand gegeben. Und – und dann ist er gestorben."

Das würde die Tränen erklären. Shya und ich schauten uns an. In diesem Augenblick wussten wir, dass es wahrscheinlich etwas bei diesem emotionalen Puzzlespiel gab, was Jody bisher noch nicht erkannt hatte.

„Wann ist er gestorben? Was ist passiert?"

„Nun, er hat mir einen Klaps auf die Hand gegeben und etwa eine Stunde später hatte er dann einen Herzanfall."

„Und was hat dies deiner Meinung nach bedeutet?"

„Dass ich ... dass ich ihn getötet habe."

Sie fing von neuem zu schluchzen an, doch diesmal weniger heftig. Ruhig warteten wir darauf, dass sich der Sturm legte. Schließlich ließ der Gefühlsausbruch nach und hörte dann allmählich auf. Es lag eine Klarheit in der Luft, als wäre etwas reingewaschen

51

worden – so wie der einsickernde Regen die Erde durchtränkt, den Staub fortspült und die Dinge danach blitzblank zurücklässt.

„Lass nun das Bild noch einmal wie einen Film in deinem Geist ablaufen, nur noch einmal, und betrachte ihn mit den Augen eines Erwachsenen. Sag uns, was du siehst."

Als Jody die Geschichte nochmals erzählte, hatte diese viel an emotionaler Heftigkeit verloren.

„Mein Papa hat geraucht. Ich kann die Zigarettenpackung sehen. Es waren Lucky Strikes. Wir befanden uns im Wohnzimmer. Ich habe nach ihnen gegriffen, und dann ..." sie holte tief Luft, „dann hat Papa mir einen Klaps auf die Hand gegeben. Ich wusste, dass ich etwas furchtbar Ungezogenes angestellt hatte. Er starb kurz darauf und ich dachte mir, das sei durch mein ungezogenes Verhalten gekommen – ich hätte ihn getötet."

„Jody, hast du deinen Vater tatsächlich getötet? Hast du überhaupt irgendetwas damit zu tun?"

Jody hielt einen Augenblick inne und seufzte. „Nein, das habe ich nicht. Ich habe mir das nur gedacht."

Als Jody sich kurze Zeit später aufsetzte, sah sie um Jahre jünger aus. Ziemlich wackelig hockte sie da auf der Kante des Massagetischs, sodass wir ihr sagten, sie solle sich Zeit lassen. Wir wollten sie nicht drängen, die Dinge wieder auf die Reihe zu kriegen. Jene Erinnerung war verschüttet gewesen und hatte lange, lange Zeit darauf gewartet, um an die Oberfläche zu kommen. Jody sah so neugeboren wie das Baby aus, das sie vor all den Jahren gewesen war.

„Das ist ja erstaunlich, ihr Leute! Daran habe ich vorher nie gedacht. Na so was! Wie habt ihr das nur gemacht?"

Shya sah mich an und ich ihn. Mit einem leichten Lächeln zuckten wir die Achseln.

„Tatsächlich haben wir überhaupt nichts gemacht, Jody. Wir waren einfach nur mit dir zusammen und mit dem, was in deinem Nacken passierte. Auf eine gewisse Art haben wir dich in den Augenblick gelockt und das, was von deiner Kindheit noch in deinem Körper übriggeblieben war, kam zum Vorschein, damit du es betrachten und erleben konntest. Manchmal scheinen Erinnerungen im Körper gespeichert zu sein. Wenn man eine derart angespannte Druckstelle berührt und dich fühlen lässt, was dort ist, so kann sie sich auflösen. In deinem Falle scheint die Stelle an deinem Nacken der Auslöser für diese Erinnerung gewesen zu sein, doch wir haben weder danach gesucht noch haben wir probiert, sie loszuwerden, nachdem du einmal darauf gestoßen bist."

Ich setzte mich neben sie und ergriff ihre Hand. „Wie fühlst du dich?"

Jodys Blick richtete sich einen Augenblick lang nach innen. „Irgendwie neu. Ich fühle mich wie neugeboren."

Wir saßen alle ein Weilchen da, sagten nichts und kosteten nur die Stille aus, das Neue und den Reichtum, einfach lebendig zu sein.

„Ich habe mich immer traurig gefühlt, doch früher nie gewusst warum."

„Ach, Jody", meinte Shya mit einem sanften Lächeln, „gib nicht dem, was du heute hier gesehen hast, die Schuld an deiner Traurigkeit. Du bist halt einfach traurig gewesen. Wie geht's dir – fühlst du dich jetzt traurig?"

„Nein, das tu ich nicht. Ich fühle mich ..." Sie begann nach dem richtigen Wort zu suchen, um ihren Zustand zu beschreiben. Die Zeit schien für uns drei stillzustehen. „Ich fühle mich dankbar", sagte sie lächelnd, „und ich fühle mich auf eine merkwürdige Weise leer."

Wir beide nickten. Diesen Zustand kannten wir gut. Es ist so, als habe ein tief innen verborgener Ort ein Stück Vergangenheit festgehalten, und wenn dieses alte Relikt endlich ausgeräumt ist, schafft es offenen Raum in deinem Herzen, um das Leben neu zu erfahren.

Als Jody aufstand, hatte sich ihr ganzer Körper selbst wieder neu geordnet. Vorher war es so gewesen, als habe sie eine tiefe Wunde geschützt. Keine noch so oft wiederholte Massage hätte die Art von Transformation bewirken können, die sich ereignet hatte, als sie einfach ihre Bewertung aufgab, dass das, was sie sah und spürte, „dumm" sei, und das Gefühl zuließ, was in ihrem Herzen war.

Mit unsicheren Schritten, fast wie ein kleines Kind, tappte Jody in die späte Nachmittagssonne auf Bali hinaus. Sie sah so aus, als fände sie gerade ein ganz neues Paar Beine, auf denen sie stehen konnte. Als ich ihr dabei zuschaute, wie sie ruhig zum Meer hinunterging, fühlte ich mich privilegiert – weil ich das Vorrecht hatte, lebendig zu sein und dankbar dafür war, dass Jody uns an ihrer Wiedergeburt hatte teilnehmen lassen.

EINE NEUE REALITÄT

Die Erfahrung mit Jody war zum Teil deshalb so schön gewesen, weil sie ungeplant war und weder in ihrer noch in unserer Absicht lag. Wir hatten nicht angenommen, dass irgendetwas mit ihr nicht stimmte und in Ordnung gebracht werden müsste.

Wir hatten nichts weiter getan, als es ihr durch die Art und Weise unserer Präsenz zu ermöglichen, sich selbst ohne Beurteilung genau zu betrachten. Wir wirkten als Katalysatoren, die es ihr erlaubten, eins mit dem Augenblick zu werden. Und als Jody eins mit dem Augenblick wurde, ohne das zu beurteilen, was sie sah, erfuhr ihr Leben eine Transformation.

Ein Therapeut, der an einem unserer Seminare teilnahm, versicherte uns, es sei klar, dass wir bei Jody eine Regression in ihre Kindheit durchgeführt hätten, die offenbar gewisse therapeutische Ergebnisse gehabt habe. Tatsächlich hatten wir überhaupt nichts „gemacht". Keiner von uns hatte mit einem Besuch in Jodys Kindheit gerechnet, doch sie war gerade in diesem Augenblick aufgetaucht.

IM AUGENBLICK SEIN

In unserer Gesellschaft ist man sich einig darüber, dass unsere Vergangenheit uns zu dem gemacht hat, was wir heute sind. Eine der Hauptkomponenten, die uns daran hindert, den gegenwärtigen Augenblick zu erfahren, ist das Festhalten an unserer Lebensgeschichte, die im Allgemeinen irgendjemand oder -etwas dafür verantwortlich macht, wie wir heute sind. Das allgemeine Missverständnis lautet, dass es einen triftigen Grund dafür geben muss, warum man so ist, wie man ist. Was aber, wenn es gar keinen Grund dafür gibt?

Manchmal wird jahrelang immer wieder dieselbe Geschichte erzählt, etwa: „Ich gerate leicht in Wut, weil meine Mutter mich geschlagen hat, als ich vier Jahre alt war" – doch durch die Wiederholung der Geschichte wird die Wut nicht vermindert. Wenn du dir zugestehst, einfach zu spüren, was es heißt, wütend zu sein, ohne dies zu bewerten oder die Vergangenheit bzw. vergangene Lebensumstände dafür verantwortlich zu machen, dann wird die Wut nachlassen und ihre Macht über dich verlieren.

Nach ihrer Sitzung mit uns schrieb und veröffentlichte Jody einen Artikel, der ihr Erlebnis und die sich daraus ergebende Transformation detailliert beschrieb. Nachdem er in einer Zeitschrift erschienen war, kam ein ganzer Schwung von Leuten mit dem festen Vorsatz zu uns, ihre „verkorkste" Kindheit in Ordnung zu bringen. Die Mehrzahl von ihnen war davon überzeugt, dass ihre Eltern sie falsch erzogen hätten. Dies wurde zu einer Herausforderung für sie, weil der Vorsatz, Recht zu haben, dass ihre Eltern Unrecht hatten, oft tatsächlich stärker war als der Wunsch, das „Problem" zu lösen.

Du kannst deine Kindheit nicht korrigieren. Sie ist endgültig vorbei. All deine Geschichten darüber, wie du aufgewachsen bist – selbst die positiven – sind ohnehin nur aus der verzerrten Sicht eines Kindes zu sehen. Erinnerst du dich an den Mann, der sich das Kellergewölbe und den Brunnen auf Shyas Bauernhof in Maine anschauen wollte? Nun, dieser Mann ist durch den Besuch des Hauses seiner Kindheit „desillusioniert" worden. Mit anderen Worten, die Illusionen, die er aus einer kindlichen Erinnerung heraus für Wahrheiten gehalten hatte, wurden vertrieben.

WENN DU DEIN LEBEN DURCH EINEN
TRANSFORMATIVEN BEZUGSRAHMEN BETRACHTEST,
STÖSST DU IMMER WIEDER AUF PARADOXE.
EIN BEISPIEL:
TRAUMATISCHE VORFÄLLE IN DER VERGANGENHEIT
HABEN DEIN LEBEN BEEINFLUSST.
DU KANNST JEDOCH DEINER VERGANGENHEIT
NICHT DAFÜR DIE VERANTWORTUNG ZUWEISEN,
WIE DU IM GEGENWÄRTIGEN AUGENBLICK BIST.

VERGEBUNG

Wir wollen nun ein grundlegendes Element für die Transformation deines Lebens betrachten: deinen Eltern alles zu vergeben, was sie falsch gemacht haben oder wovon du annimmst, dass sie es falsch gemacht haben. In Wirklichkeit geht es darum, der Vergangenheit zu vergeben. Da die Erinnerungen deiner Kindheit verdrehte Tatsachen sind, an denen du im Laufe der Zeit festgehalten hast, werden deine Vergangenheit und deine Kindheit oder die Beziehung zu deinen Eltern und Geschwistern irrelevant.

Damit wendest du dich radikal davon ab, an deiner Geschichte zu arbeiten, um eine Veränderung herbeizuführen. Wir machen hier den Sprung von einem psychologischen zu einem anthropologischen Bezugsrahmen. (Ein Anthropologe nimmt zur Kenntnis oder beobachtet neutral, was er sieht, ohne das Wahrgenommene verändern zu wollen.)

An diesem Punkt werden auch unsere Verhaftungen mit unserer Geschichte deutlich. So wird jemand vielleicht erklären: „Ich weiß doch, dass ich deshalb gut vorlesen kann, weil meine Mutter mir jeden Tag vorgelesen hat." Aber stimmt das denn überhaupt, oder kann der Betreffende einfach nur deshalb gut vorlesen, weil dem so ist? Am anderen Ende des Spektrums könnte jemand das Gefühl haben, in Beziehungen zu versagen, weil er als Kind missbraucht wurde oder aus zerrütteten Familienverhältnissen stammt.

Im Laufe der Jahre haben wir Menschen mit allen möglichen Lebensgeschichten, darunter auch solche, die sexuellen Missbrauch, körperliche Misshandlungen und sogar Konzentrationslager überlebt haben, entdecken sehen, wie es möglich ist, dass die traumatischen Erfahrungen ihrer Vergangenheit nicht mehr ihr Leben und ihre heute getroffenen Entscheidungen beherrschen.

VERGEBUNG BEDEUTET:

1. GROLL ODER DEN WUNSCH NACH BESTRAFUNG AUFZUGEBEN

NICHT MEHR ZORNIG ZU SEIN

ZU VERZEIHEN

2. EINE SCHULD ZU TILGEN –

SO ZU TUN, ALS HABE ES DIESE SCHULD NIE GEGEBEN

Die meisten Kinder beurteilen ihre Eltern zum Teil deshalb so streng, weil es für sie aufgrund ihres Alters und ihrer mangelnden Reife unmöglich ist, die Sichtweise eines Erwachsenen zu teilen. Später, wenn sie dann erwachsen sind, haben sich die früheren Urteile und Verhaltensweisen festgesetzt und werden selten einmal hinterfragt.

Dinge, die merkwürdig oder unangemessen erscheinen, wenn sie von außen betrachtet werden, würden einen Sinn ergeben, wenn du die Fähigkeit hättest, dich in die Psyche, das logische Bezugssystem und die Lebensumstände deines Elternteils (oder einer beliebigen anderen Person) hineinzuversetzen.

Wenn du an ihrer Stelle sein könntest, anstatt sie von außen zu beurteilen oder sie durch deine Vorstellungen darüber, wer sie sind, zu sehen, dann könntest du Mitgefühl dafür entdecken, wie schwierig es ist, auf dem Planeten Erde ein Mensch zu sein.

Im Idealfall sollten wir ein Gefühl von Wärme und Nähe für all jene empfinden, denen wir zugetan sind. Doch manchmal haben verletzende Handlungen oder Worte eine Distanz geschaffen und wir haben uns auseinander entwickelt. Es ist schwer zu verstehen, wenn Menschen, die wir lieben, uns enttäuschen oder verletzen. Manchmal scheint ihr Verhalten so ungerechtfertigt und unbegreiflich zu sein, dass wir es fast unmöglich finden, ihnen wieder einen Platz in unserem Herzen einzuräumen. Und doch verspüren die meisten von uns eine Sehnsucht nach Nähe.

Eines der größten Geschenke, das du dir selbst und anderen machen kannst, ist das Geschenk der Vergebung. Wenn du tatsächlich ein Stück in den Schuhen eines anderen laufen könntest, dann könntest du verstehen und das zurückgewinnen, was verloren war.

Im Jahre 1993 starb Shyas Mutter Ida. Die Zeit um ihren Tod herum war erstaunlich reich und erfüllend. Es war eine Zeit für viele Entdeckungen und Akte der Vergebung. Es war eine Zeit des Übergangs, wo Geheimnisse erzählt und Puzzles zusammengesetzt wurden. Wir möchten diese kostbare Erfahrung, aus Ariels Sicht erzählt, gerne mit dir teilen.

IDA

Ida atmete nicht mehr. Ihre Halsschlagader pulsierte noch regelmäßig und ich beugte mich vor und beobachtete ruhig, wie ihre Lippen
sich blau färbten. Ich wusste, dass es nur noch wenige Augenblicke
dauern würde. Shyas Mutter Ida war seit einiger Zeit immer wieder
ins Krankenhaus eingeliefert und dann wieder nach Hause entlassen
worden. Sie war 84 Jahre alt und ihr Hausarzt hatte ihr Herz mit
einem Reifen verglichen, der alt und abgenutzt war – und jederzeit
platzen konnte. Max, Shyas Vater, war verständlicherweise sehr aufgebracht über diese Analogie gewesen. Auch wenn dieser Vergleich
vielleicht nicht gerade feinfühlig war, hatte ich den Eindruck, dass
der Arzt sein Möglichstes tat, um Max auf das Unausweichliche vor-
zubereiten.

Mehr als 50 Jahre lang hatten Max und Ida zusammen
gearbeitet. Als junge Buchhalterin hatte Ida ein Auge auf Max geworfen, der damals ein junger Zuschneider im „Garment District"
von New York war. Ein Zuschneider breitet die Schnittmuster auf
den Stoffen aus und schneidet dann die Vorlagen zum Nähen aus.
An dem Tag, als Max sie um eine Verabredung bat, soll Ida unter der
Voraussetzung zugestimmt haben mit ihm auszugehen, dass er ihr

ein Schnittmuster für eines der aufregenden neuen Frühjahrskleider mitbringen würde. Max erfüllte ihre Bitte und dies war der Beginn einer langen und fruchtbaren Beziehung.

Manchmal frage ich mich, was Ida mit jenem Schnittmuster gemacht hat, denn Nähen war nicht gerade eine große Stärke von ihr. Zu der Zeit, als ich sie kennenlernte, widmete sie sich der Verschönerung von Pullovern, wofür sie rautenförmige Stoffstreifen in einer Kontrastfarbe auf die Vorderseite applizierte, diese Flicken mit Stoffresten in einer weiteren Farbe besetzte und ihre Arbeit damit abschloss, dass sie ein Designer-Etikett hineinnähte, welches sie aus der Kleiderfabrik von Max entwendet hatte. Ida besaß eine erstaunliche Sammlung von Hüten, Pullovern und dergleichen mehr und ich bin davon überzeugt, dass Bill Blass, Scaasi, Vera Wang und Carolina Herrara zusammengezuckt wären, wenn sie ihr Designer-Etikett darauf entdeckt hätten.

Idas körperlicher und geistiger Abbau hatte sich über mehrere Jahre hingezogen. Anfangs war er nicht so offensichtlich gewesen. Im Alter von 80 Jahren machte Ida immer noch an zwei Tagen in der Woche die Buchführung für die Max Kane Dress Company im New Yorker „Garment District", wo ihr Mann Designerkleidung, Hochzeits- und Ballroben anfertigte.

Die Veränderungen in Idas gesundheitlicher und geistiger Verfassung sind eingefangen in lichtbildartigen Zeitabschnitten des Fabriklebens. Shya und ich haben Max und Ida dort häufig besucht. Obwohl sie hin und wieder auch zu uns nach Hause kamen, trafen wir sie meistens in der Fabrik, die von Ida und Max „der Ort" genannt wurde.

Bei einem solchen Besuch stellte uns Ida völlig überraschend die Frage: „Was braucht ihr? Wenn ihr für irgendetwas Geld braucht, so lasst es mich wissen und ich werde euch helfen. Sagt es bloß Mr. Kane nicht." In der Fabrik nannte sie Max immer „Mr. Kane", selbst uns gegenüber.

Das Angebot, uns Geld zu geben, war für Shya ein regelrechter Schock. Weder als Jugendlicher noch als Erwachsener hatte er jemals ein solches Angebot bekommen. Als er heranwuchs, war Geld immer sehr knapp gewesen und die ersten Kleidungsstücke, die er jemals besaß und die nicht secondhand gekauft waren, hatte er mit 15 Jahren von selbstverdientem Geld bezahlt. Spartanische Ausgaben beim Kleiderkauf waren nur die Spitze des Eisbergs, wenn es um Idas Umgang mit Geld ging, doch darauf will ich später noch zurückkommen.

Also nahmen wir Idas Angebot an. Wir waren sehr dankbar für die Unterstützung, doch respektierten wir ihre Bitte, es Mr. Kane nicht zu sagen.

Schließlich, bei einem unserer wöchentlichen Besuche in der Fabrik, sprach Ida wie gewöhnlich über das Geschäft und die verschiedenen Aufträge, die sie im Hause ausführten. Ganz unvermittelt begann sie über einen Designer zu reden, für den Max seit 10 oder 15 Jahren nicht mehr gearbeitet hatte, und war der Meinung, es handele sich um laufende neue Aufträge. Es war so, als hätte die Nadel eines alten Plattenspielers auf unerklärliche Weise Rillen übersprungen und würde nun ein früheres Lied nochmals abspielen. Für Ida verlief die Zeit nicht mehr linear. Wir begannen uns Sorgen um ihre Fähigkeit, die Bücher zu führen, zu machen, da es immer mehr zu einer Belastung für sie zu werden schien. Etwa um diese Zeit kam es zu einem sehr offenen Gespräch zwischen ihr und Shya.

Die nebeneinander aufgereihten Nähmaschinen surrten und vibrierten im Hintergrund, während wir in ihrem kleinen

Büro unter der Neonröhre saßen. „Mama", begann er, „mich beschäftigt etwas. Was wäre denn, wenn du krank oder arbeitsunfähig würdest? Wer wird über deine und Papas Finanzen Bescheid wissen? Weiß er, welche Aktien ihr habt oder wo die Konten geführt werden?"

Natürlich lautete die Antwort „Nein". Ida war die ganzen Jahre über sehr verschwiegen gewesen. Offensichtlich gab es Aktien, weil Dividendenscheine ins Haus kamen. Sämtliche Briefumschläge bewahrte sie damals, mit einem Gummiband zusammengehalten, in Stapeln auf, denn, wie sie sagte, „man weiß ja nie, wann man Schmierpapier brauchen könnte". Da wir in der Fabrik waren, nahm Ida einen großen Bogen Schnittmusterpapier, auf den sie einige Kästchen zeichnete und, während wir bei ihr saßen, eine Liste der Vermögenswerte aufstellte. Es war unübersehbar, dass vieles fehlte, aber immerhin war es ein Anfang.

Schließlich begann Ida zu Hause zu bleiben. Die Fahrt in die Stadt war zu viel für sie geworden, und es fing auch damit an, dass sie hinfiel. Zum Glück war Max immer noch kräftig genug, um sie aufzuheben. All die Jahre des Arbeitens und Zuschneidens hatten den gerade einmal 1,60 Meter großen Mann robust bleiben lassen. Doch er begann, sich um ihre Sicherheit zu sorgen, wenn er nicht zu Hause war, und daher stellte er eine Tageshilfe ein, die ihr Gesellschaft leistete und auf sie Acht gab.

Idas physischer Verfall, der unerbittlich zu diesem Krankenhausbett geführt hatte, war zu manchen Zeiten gnädig und zu anderen beschwerlich oder schmerzlich verlaufen. Zum Beispiel war es schmerzlich für einen vorher nicht auf fremde Hilfe angewiesenen Menschen, nicht mehr Auto zu fahren. Niemand wollte ihr sagen, dass sie damit aufhören sollte, und ihr diese Freiheit nehmen. Schließlich verwechselte sie den Rückwärtsgang mit der Parkposition ihrer Automatikschaltung und da sie glaubte, das Auto geparkt zu haben, stieg sie aus. Der Wagen rollte rückwärts und die Tür warf sie zu Boden. Es war an der Zeit. Sie ist nie wieder Auto gefahren.

Sie gab auch die Buchführung nur äußerst ungern auf, aber sie konnte die Berechnungen nicht mehr machen. Auf Idas Drängen nahm Max die Arbeit zuerst für sie nach Hause mit, doch schon bald regte sie sich darüber auf und ärgerte sich; deshalb hörte er damit auf und besorgte sich einen Buchhalter in der Stadt. Es dauerte nicht lange, da war es an der Zeit für ein weiteres ehrliches Gespräch. Oh, diese Unterredungen konnten mühsam sein! Wie bringt man gegenüber einem Elternteil – oder überhaupt bei einem anderen Menschen – seine Sterblichkeit, seine nachlassende Gesundheit und seine verminderten geistigen Fähigkeiten zur Sprache? Darin sind die meisten von uns nicht geübt. Ich bin mir sicher, dass meine Eltern ähnlich empfanden, als sie Themen anschneiden mussten, die mir als Heranwachsende peinlich waren oder die mich aufregten. Doch nun waren die Rollen endgültig und unwiderruflich vertauscht. Wir traten jetzt als Eltern auf und handelten, wie wir hofften, zu Idas Bestem, während sie rapide die Rolle des Kindes annahm.

„Mama, wir müssen eure Finanzen in Ordnung bringen", begann Shya mutig bei einem Telefonanruf. „Wo hebst du eure Aktienzertifikate und Belege auf?"

Sie wurde nervös und druckste herum, doch schließlich stellte sich heraus, dass sie zu Hause, in der Tiefkühltruhe, aufbewahrt wurden. Dazu fielen uns lustige Bilder ein, wie in Eisblöcken eingeschlossene Aktienzertifikate, und Wendungen wie „cool cash" und „eingefrorene Guthaben". Wir wussten, dass wir nicht in unserem Element waren und jemand brauchten, der klüger war und uns dabei helfen würde, die Dinge sortiert zu bekommen. Daher nahmen wir die Dienste von Josh Blau, unserem Finanzberater und Freund, in Anspruch, uns zu begleiten und eine Razzia in der Kühltruhe zu machen.

Eine oder zwei Wochen später waren wir bei Ida zu Hause. Ich saß nicht gerne auf den Plastikbezügen, die Ida zum Schutz der Polstermöbel im Wohnzimmer benutzte. Daher hatte sie sich zu mir in die Essecke gesetzt, wo wir uns unterhielten, während Shya und Josh die Kühltruhe untersuchten. Dabei entdeckten wir, dass die Kühltruhe leer war. Hatte sie die Sachen vor uns verborgen? War dies vielleicht ein Versteckspiel? Aber nein, Ida wirkte arglos. Möglicherweise sagte ihr nur ihre Erinnerung, dass es in der Tiefkühltruhe sei. Es war an der Zeit, die Fährte zu verfolgen.

Als ich noch ein kleines Mädchen war, haben meine Schwestern und ich manchmal etwas versteckt und eine von uns musste den verborgenen Gegenstand suchen. Diejenige, die das Versteck kannte, gab dann Rückmeldung, während die anderen suchten: „Warm, wärmer, heiß, heißer" usw., wenn wir uns dem Versteck näherten, oder „kalt, kälter, eiskalt" usw., wenn wir uns davon entfernten.

Nun, die Tiefkühltruhe war zwar ziemlich warm, aber nicht das tatsächliche Geheimlager. Neben der Kühltruhe stand eine alte braune Einkaufstüte. Diese Tüte war heiß – glühendheiß. In dieser Tüte steckten über viele Jahre angesammelte finanzielle Informationen.

Das Durchsuchen dieses Banksafes aus braunem Papier erwies sich als gefährliche Mission. Ida hatte die Tüte gegenüber möglichen Eindringlingen unbeabsichtigt mit einer Schreckschussladung versehen, denn sie hatte es nicht für notwendig gehalten, Büroklammern zu kaufen. Schließlich gab es in der Kleiderfabrik einen unerschöpflichen Vorrat an dünnen, spitzen Stecknadeln. In vielen Fällen brauchte Josh ein Dokument gar nicht herauszuziehen. Wenn er seine Hand aus dieser Wundertüte für Erwachsene hervorzog, kam es automatisch mit zum Vorschein, da die dazugehörige Stecknadel sich in seinem Daumen oder einem anderen Finger festgehakt hatte.

Alte zerbröselnde Stückchen von Papierdeckchen, Linoleum, Gewebefasern und uralte Aktien wie Studebaker hatten in jener Tüte überlebt. Es gab auch noch andere Tüten. Plötzlich begann sich die Sache aufzuklären. Briefumschläge und Gummibänder waren nicht das Einzige, das Ida gesammelt hatte. Ohne Wissen ihrer Kinder oder selbst von Mr. Kane, hatte Ida in jenen Tüten ein kleines Vermögen angehäuft. Nun gut, das entspricht nicht ganz der Wahrheit: Ehrlich gesagt, war das Vermögen alles andere als klein. Max war schockiert.

„Sie regt sich immer noch auf, wenn ich ‚Minute Maid' Orangensaft anstatt einer billigeren Marke kaufe", lautete sein Kommentar, an den ich mich am deutlichsten erinnere.

Damit war ein weiteres Puzzleteil ergänzt worden und allmählich kam ein ganzes Bild zum Vorschein. Nun wusste ich, weshalb sie niemals wollte, dass wir Mr. Kane etwas von den früheren Geschenken sagten. Sie wollte nicht, dass er Verdacht schöpfte, sie habe Geld zum Ausgeben.

Als ich Monate später im Krankenhaus an ihrem Bett wachte und beobachtete, wie ihre Lippen blau wurden, wusste ich, dass wir an der Schwelle eines Übergangs standen.

Der Augenblick wiederholte sich und während ich Idas Hand hielt, beugte ich mich direkt in ihre Blickrichtung, sodass sich mein Gesicht ganz nahe vor dem ihren befand. Es war wichtig für sie zu wissen, dass sie nicht allein war. Und hier war es, das Keuchen, das reflexartige Greifen nach meiner Hand, als Ida von ihrer Reise zurückkehrte und in Panik nach Luft schnappte, während ihr Körper, der noch nicht dazu bereit war, sie aus seiner Herrschaft zu entlassen, sein Bedürfnis nach Sauerstoff wieder geltend machte.

Ich war nun seit mehreren Stunden bei Ida. Sie hörte regelmäßig auf zu atmen, driftete ab und kehrte dann mit der Schreckensangst von jemand zurück, der unter Luftmangel leidet. Ihr Organismus reagierte mit Signalen, die Alarmsirenen und Warnglocken entsprachen. Du erstickst! schrie er, und mit einem Ruck kehrte sie in Todesangst wieder ins Leben zurück. Ich hatte keine Angst um sie und dies zeigte sich in meinem Gesichtsausdruck und Verhalten. Deshalb hielt ich mein Gesicht direkt in ihrer Richtung und es würde das erste Bild sein, auf das ihr Blick fiel. Meine Ruhe würde dann auf sie übergehen.

Verstehst du, ich wusste in meinem Herzen, dass Ida Angst vor dem Sterben hatte. Ich wusste auch, dass jeder kurze Abstecher, den sie nun machte, wie eine Art „Probelauf" war und dass meine Präsenz ihre Angst auflösen und ihren Übergang erleichtern konnte. Damit empfing ich viele Gaben. Ich sah das Staunen in ihren Augen, wenn sie zurückkehrte und Liebe ihr Gesicht durchströmte, während sie sich auf meinen Blick konzentrierte. Manchmal, wenn sie wieder ins Bewusstsein auftauchte, wiederholte sie immer wieder denselben Satz. Nach und nach erkannte ich, dass viele dieser Sätze ungelöste Angelegenheiten darstellten, die sie seit langem begleitet hatten. Bei anderen handelte es sich um Geschichten oder Ereignisse, auf die sie stolz war und die sie mitteilen musste. Und ich war das Gefäß, die glückliche Empfängerin dieser Gaben. Natürlich war Shya das auch, denn er befand sich ebenfalls im Zimmer; aber da ich mit Ida gern auf diese Weise zusammen war, ließ er mir den Raum dafür.

Ida hielt meine Hand umklammert und kehrte taumelnd in diese Realität zurück. Einen Augenblick lang war sie desorientiert und versuchte sich aufzurichten, um mehr Luft zu bekommen. Dieses Gefühl kenne ich gut – es ist mir nicht gerade angenehm. Manchmal, wenn ich etwas herunterschlucken will, inhaliere ich stattdessen tatsächlich meinen Speichel und meine Kehle geht zu; da ich dann das Gefühl habe, nicht atmen zu können, ist es schwer, zu entspannen und nicht in Panik zu geraten. Entspannung aber war genau das, was ich mit Ida übte.

Ich freue mich so, dich zurückkommen zu sehen, sagte mein Blick.

Ihr Blick war sehr eindringlich. Es gibt etwas, was ich dir sagen muss, erwiderte er.

Als ich so aufmerksam lauschte, wie mir nur möglich war, sagte sie: „Du hast keine Ahnung, was es bedeutet, auf Geld angewiesen zu sein und es dann zu verlieren. Ich habe mir geschworen, dass ich nie wieder auf Geld angewiesen sein würde!" In ihren Augen lag ein Flehen. „Verurteile mich nicht!", baten sie.

Weitere Puzzleteile fügten sich sanft zusammen. Natürlich machen viele Familien kritische Zeiten durch und müssen jeden Pfennig umdrehen, um ihr Auskommen zu haben, doch für Ida war Geldsparen immer oberste Priorität gewesen. Als Shya 13 Jahre alt war, bekam seine ältere Schwester Sandra einen Knoten an ihrem Hals. „Nur eine geschwollene Drüse", meinte der Arzt. Sechs Monate lang blieb diese „Drüse" geschwollen und vergrößerte sich, doch es wurden keine weiteren Arztbesuche geplant und kein zweites Gutachten eingeholt. Ärzte kosten immerhin Geld. Schließlich und endlich gingen sie wieder hin – doch nun war es zu spät. Sandra hatte

Rückenmarkskrebs und starb an dieser Krankheit sieben lange Jahre später im Alter von 24 Jahren.

Auf die Entscheidung, ein weiteres Vorgehen wegen Sandras Knoten zu verschieben, hatten einige Familienangehörigen erbittert reagiert. Doch als ich nun neben dieser zerbrechlichen alten Lady saß und ihre Hand hielt, wurde mir bewusst, dass Ida zu irgendeinem Zeitpunkt, als sie noch jung war, sich feierlich geschworen hatte, Geld zu sparen – wie groß dieses Opfer auch erscheinen würde. Sie hatte sich dieses Versprechen selbst gegeben und niemals einen Blick darauf verwendet, was die Zukunft bereithielt – und dafür hatte sie den höchsten Preis bezahlt.

„Es ist nicht richtig, dass Eltern länger als ihre Kinder leben", hatte sie mir mehr als einmal gesagt.

Zärtlich lächelte ich sie an. Ich liebe dich. Ich vergebe dir. Es ist alles gut, du kannst dich nun ausruhen.

Bald begann Ida mit immer größerer Leichtigkeit, sich aus ihrem Bewusstsein zu bewegen und wieder hineinzugleiten. Heute sollte nicht ihr Todestag sein, aber er kam näher. Das konnte ich spüren.

Etwa zehn Tage später war Ida wieder auf der Intensivstation. Sie würde nicht mehr nach Hause zurückkehren. Nun aber war sie ans Bett gefesselt. An eine Infusion angeschlossen, mit Sauerstoffschläuchen in der Nase, sog sie die Luft ein, während sie fast reumütig zu uns aufblickte, so als würde es ihr Leid tun, dass sie so viele Unannehmlichkeiten machte.

Ich befand mich wieder an der gewohnten Stelle neben Ida und hielt ihre Hand. Innerhalb von wenigen Minuten begann sie wieder wegzugleiten und zurückzukommen. Sie hörte auf zu atmen, ihre Halsschlagader pulsierte, doch nun war dieser Vorgang unendlich viel leichter und einfacher. Ihre Augen blieben offen, ihr Blick war fest und sie ging einfach fort. Wenn sie wieder zurückkehrte, war dies jedesmal anders, neu und lebendig. Es verlief etwa so:

Als Ida das Bewusstsein von ihrer Umgebung wiedererlangt hatte, sagte Shya: „Hallo, Ida. Hast du eine schöne Reise gehabt?"

„Oh ja", entgegnete sie voller Begeisterung, „es war wunderschön!".

Sie lächelte weiter, ihr runzeliges altes Gesicht und ihre eingesunkenen Augen strahlten vor Glück. Dann entspannte sich ihre Miene und sie war wieder fort; ihr Blick war noch auf mich gerichtet, aber sie war nicht mehr da. Ich hielt ihre Hand und wartete. Shya saß nun bei mir und wir hatten unsere Gesichter aneinandergepresst, sodass sie uns beide sehen konnte, wenn sie wieder ins Bewusstsein tauchte.

Manchmal kehrte sie ein wenig desorientiert zurück, doch immer war sie glücklich darüber, uns zu sehen.

„Oh, ihr seids!" rief sie dann gewöhnlich aus. „Ich liebe euch so sehr", und dann ging sie wieder fort und kehrte zurück, überrascht und erfreut, uns erneut zu sehen. „Oh, ihr seids, ich liebe euch so sehr!" Jede Rückkehr war anders. Sie war verändert und wir waren es auch.

An einem bestimmten Punkt wurde sie über einen längeren Zeitraum geistig sehr klar. Sie ergriff Shyas Hand und gab ihm so etwas wie den Segen einer sterbenden weisen Frau.

„Weißt du, Shya, ich muss zugeben, als du jünger warst, hätte ich nie gedacht, dass aus dir einmal etwas werden würde, aber du hast es geschafft. Ich bin sehr stolz auf dich."

Wow, welch ein Geschenk! Wir alle weinten, während Shya und sie sich an den Händen hielten. Dann driftete sie wieder weg. Als sie zurückkehrte, blickte sie ihm in die Augen und sagte: „Irgendwann einmal wirst du sehr berühmt sein", ehe sie wieder wegglitt.

Ida hatte nun ihren eigenen Rhythmus gefunden. Wir brauchten sie nicht mehr am Leben erhalten. Nach und nach zog sich ihr Körper immer weiter zurück. Sie hatte es fast geschafft.

Zwei Nächte später glitt sie endgültig fort.

Ida wurde in einem wunderschönen Mahagonisarg bestattet, den Rhoda, Shyas Schwester, ausgewählt hatte. Vor der Totenfeier kam die Familie zusammen.

Es war ein trauriger Tag, doch es war auch ein Tag, an dem wir Geschichten austauschten über Ida Speiler, die mit ihrer Heirat zu Ida Kane wurde. Diese Geschichten sind ein Vermächtnis, das wir bewahrt haben, um es an unsere Kinder weiterzugeben.

Die einzige Überlebende von Idas Geschwistern brachte das Gespräch in Gang und erzählte ein wenig von Idas Jugend. Ruth, fast ein kleineres Ebenbild ihrer Schwester, stand auf und berichtete über einige Begebenheiten von früher, die neu für uns waren.

„Ida wurde in der Rivington Street in der Nähe der Delancey Street geboren", begann sie. Diese Straßen liegen an der Lower East Side im New Yorker Stadtteil Manhattan.

„Zuerst lief alles ganz normal, doch dann kam die große Wirtschaftskrise. Mein Vater verlor seine Arbeit. Jeder war arbeitslos, nur Ida bekam einen Job und ernährte die ganze Familie. Sie war damals 13 Jahre alt."

Ich erstarrte, so als hätte mir jemand eiskaltes Wasser über den Kopf geschüttet. Die Härchen auf meinen Armen stellten sich auf. Natürlich! Nun war das Puzzle vollständig. Ich stellte mir ein zierliches Mädchen von 13 Jahren vor, das sich abmühte, seine Geschwister und beide Elternteile zu ernähren. Sie musste für Harry, Eddy, Ruth, Matt, ihre Mutter, ihren Vater und für sich selbst – insgesamt sieben Personen – sorgen.

„Ihr habt keine Ahnung, was es heißt, auf Geld angewiesen zu sein und es dann zu verlieren." Und sie hatte auch gesagt: „Ich habe mir geschworen, dass ich nie wieder auf Geld angewiesen sein würde!"

Später während der Totenfeier sprach ich mein eigenes stummes Gebet. Oh Ida, Ida. Ich verstehe. Es tut mir so sehr Leid. Du musst wirklich sehr gelitten haben. Ich habe solches Mitgefühl für dich. Ich liebe dich so sehr. Ich hoffe, dass du nun endlich in Frieden ruhen kannst.

Ida war ein bewundernswerter, für andere sorgender Mensch, dessen Verhaltensweisen durch die ihrem Herzen zugefügten traumatischen Verletzungen verdreht worden waren. Die Entscheidungen, die sie getroffen hatte, beherrschten ihr Leben und bereiteten ihr und den ihr nahe stehenden Menschen großen Schmerz. Wenn man jedoch das logische Bezugssystem berücksichtigt, das sich aus ihren Lebensumständen entwickelt hatte, dann war dies die einzige angemessene Reaktion, die sie sehen konnte.

Der daher rührende Schmerz, den sie spürte, konnte sich auflösen, weil wir ihr Verhalten nicht verurteilten und es für „schlecht" hielten. Sie konnte sich endlich damit aussöhnen – und wir konnten es auch.

Vor einer Weile sahen wir beide uns eine Folge aus der Fernsehsendung *Justice Files* („Gerichtsakten") an. Ein Programmausschnitt betraf die Verurteilung eines Mannes, der für schuldig erklärt worden war, ein schönes junges Mädchen brutal vergewaltigt und ermordet zu haben. Als Teil des Gerichtsverfahrens wurde es Familienangehörigen des getöteten Mädchens erlaubt, aufzustehen und zu dem Angeklagten und dem Richter zu sprechen, um damit Heilung und eine Art Abschluss für die Hinterbliebenen zu ermöglichen. Die Mutter des Mädchens stand vor dem Mann, der gerade für den Mord an ihrer Tochter zu lebenslanger Haft verurteilt worden war, und vergab ihm. Sie erklärte, dass sie es nicht übers Herz bringe, ihn zu hassen, denn wenn sie dies tue, dann würde der Hass ihr eigenes Herz verzehren. Sie vergab ihm und hoffte, dass Gott über ihn wachen würde, wann immer er aus dem Gefängnis entlassen werde.

Derjenige, der wirklich befreit wird, wenn du jemandem vergibst, bist du selbst. Die meisten Menschen kommen gar nicht auf die Idee, dass du ihre Handlungsweise für ein Vergehen hältst;

daher strafst du dich selbst am meisten, wenn du einem anderen grollst. Um es noch einmal zu wiederholen: Selbst wenn du „Recht hast", wenn du im Recht darüber sein willst, dass ein anderer im Unrecht ist, geht etwas Lebendiges in dir verloren.

DIE GEBURT DER GEGENWART

Sobald du damit anfängst, Menschen und Geschehnissen aus deiner Vergangenheit zu vergeben und deine Geschichte loszulassen, beginnt die Gegenwart hervorzutreten. Der Ansatz, den wir vorschlagen, beinhaltet nicht die Korrektur der Vergangenheit oder die Lösung deiner Probleme. Dies ist für die meisten Menschen verwirrend, weil sie instinktiv etwas tun wollen, um die Dinge zu verbessern. Sie suchen eine Art Reparaturtechnik, weil sie die Vorstellung haben: „Je mehr du tust, desto mehr Ergebnisse erzielst du."

Es gibt ein weiteres Paradigma, das einfach „sein" heißt.

Wenn du im gegenwärtigen Augenblick bist, verschwinden alle Probleme von selbst, weil Probleme sich an Vergangenheit/Zukunft orientieren. Alle Probleme sind eine Projektion möglicher Realitäten in die Zukunft, basierend auf deiner Vergangenheit.

Wenn du die Vergangenheit loslässt und wenn du auch die Zukunft loslässt, dann gibt es keine Probleme mehr. Und es mag vielleicht oberflächlich klingen, dies zu sagen, aber es stimmt wirklich: Je mehr du bereit bist, ganz hier zu sein und deine Vergangenheit, deine Geschichte loszulassen, desto mehr kann sich das Leben im gegenwärtigen Augenblick entfalten.

Nehmen wir als Beispiel einen Menschen, der AIDS hat. Wir kennen einen jungen Mann, für den dieses Leiden eine schreckliche Qual ist. Er wird von Ängsten darüber verzehrt, was kommen wird. Es ist eine schmerzliche Erfahrung.

Wir kennen auch eine andere Person, für die es ein lebensrettendes Geschenk war, sich den AIDS-Virus zuzuziehen. Sie ist lebendiger, als viele „Gesunde" sich dies jemals erhoffen könnten. Sie führt ihr Leben so, als wäre es ein Geschenk, das es auszukosten gilt, und sorgt sich nicht um das, was die Zukunft bringen könnte, sondern lebt ihren Bedürfnissen entsprechend von Augenblick zu Augenblick. Da sie bewusster geworden ist, hat sie ganz von selbst damit begonnen, sich besser zu ernähren und Behandlungsformen zu finden, die Erfolg bei ihr haben.

Diese Frau hat keine Illusionen darüber, ewig zu leben, obwohl sie sehr ermutigt wird durch neue Therapien, welche die Krankheit vielleicht unter Kontrolle halten, bis es ein Heilmittel dafür gibt. Aber sie richtet ihr Leben nicht bloß auf die Zukunft aus und klammert sich an „bessere" Zeiten, wenn sie einmal geheilt sein wird. Vielmehr lebt sie voll und ganz in diesem Augenblick und der AIDS-Virus dient nicht als Ausrede für sie, in einem eingeschränkten Zustand zu leben.

DER STEIN DER WEISEN

Wenn du damit aufhören kannst, deine Vergangenheit dafür verantwortlich zu machen, was aus dir geworden ist, wird dein Leben eine magische Transformation erfahren. Rückwirkend und in die Zukunft reichend, für immer: einfach dadurch, dass du im Hier und Jetzt ankommst. Wie in dem Kapitel „Unmittelbare Transformation" bereits erwähnt, stammte der Stein der Weisen aus der alten Alchemie, der Vorläuferin der modernen Chemie, und es wurde von ihm behauptet, er verwandle unedle Metalle wie Blei in Gold.

ES GIBT EINEN MODERNEN STEIN DER WEISEN
– IM GEGENWÄRTIGEN AUGENBLICK ZU SEIN –
UND ER TRANSFORMIERT EIN GEWÖHNLICHES, ALLTÄGLICHES LEBEN
IN EIN AUSGEZEICHNETES, GROSSARTIGES LEBEN

Dies ist für jeden möglich. Es erfordert nur eines: mit dem Augenblick eins zu werden. Weder über den Augenblick nachzudenken noch zu versuchen, irgendeinen Aspekt von dir zu verändern oder zu verbessern.

Mit Transformation ist keine Arbeit verbunden. Wie wir bereits gesagt haben, ist sie ein Seinszustand. Es ist eine Art und Weise, wie du in deinem Leben bist, und nicht etwas, was du tust, wie eine bestimmte Übung oder Praxis. Du kannst nichts dafür tun, transformiert zu werden. Du kannst transformiert sein.

Wenn du im Augenblick lebst, brauchst du nichts zu erreichen, zu verbessern oder loszuwerden. Es herrscht ein tiefes Gefühl von Zufriedenheit, das von innen heraus strahlt, anstatt uner-

reichbar zu sein. Wenn du im Augenblick bist, wird das, was du früher einmal für Blei gehalten hast, zu Gold.

DIE PRINZIPIEN DER TRANSFORMATION

Es gibt drei Grundprinzipien der Transformation.

Das erste Prinzip lautet:
Alles, gegen was du dich wehrst,
bleibt bestehen – und wird stärker.

Du verhaftest dich mit dem, gegen was du dich wehrst. Wenn du dich gegen etwas wehrst, wirst du genauso wie die Sache, der du Widerstand entgegensetzt. Nachfolgend ein Beispiel: Nehmen wir an, die Faust stellt deinen Vater dar, gegen den du dich wehrst, und die offene Hand steht für dich. Du stößt deinen Vater zurück, weil du dich gegen ihn wehrst, und schon bald hat deine offene Hand die Form deines Vaters angenommen und du wirst als Gegenstück zu ihm genauso wie er. „Rebellen" sind in Wahrheit nicht frei. Weil sie sich selbst auf die Opposition zu ihren Eltern oder ihrer Erziehung festlegen, werden sie tatsächlich von dem beherrscht, gegen was sie Widerstand leisten. Daher gilt: „Alles, gegen was du dich wehrst, bleibt bestehen".

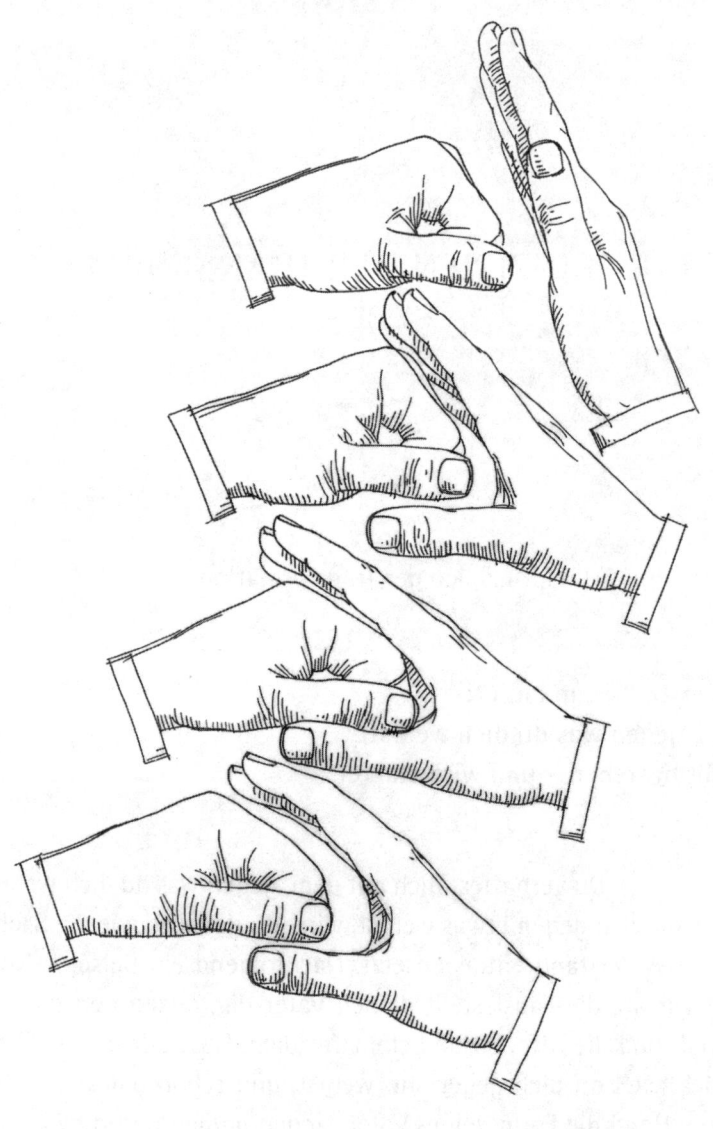

Wenn du eine wissenschaftlichere Erklärung für dieses Prinzip haben möchtest, so lautet sie etwa so: Für jede Aktion gibt es eine gleichwertige Gegenreaktion.

Das zweite Prinzip ist auch eine Grundregel der Physik:
Zwei Dinge können nicht denselben Raum zur selben Zeit einnehmen.

Wenn beispielsweise jemand in einem Sessel sitzt, kann niemand anderer zu genau derselben Zeit auf genau derselben Stelle in demselben Sessel sitzen.

Wenn es um Emotionen geht, kannst du nicht glücklich sein, wenn du tatsächlich traurig bist. Zwei Emotionen können nicht zu genau derselben Zeit genau denselben Raum ausfüllen.

Das dritte Prinzip lautet:
Alles, was du genauso sein lässt, wie es ist,
wird sich selbst vollenden und verschwinden.

Mit anderen Worten, wenn du die Dinge tatsächlich so sein lässt, wie sie sind, verschwinden sie.

Dies schließt psychischen Schmerz, körperlichen Schmerz, emotionalen Schmerz und Aufruhr ein. Wenn du dich selbst aufgebracht sein lässt, wenn du aufgebracht bist, anstatt zu versuchen, dich davon frei zu machen (erstes Prinzip: Alles, gegen was du dich wehrst, bleibt bestehen), dann wird sich dies ganz von selbst auflösen und verschwinden.

Hast du bemerkt, dass Glücklichsein vergänglich ist? Wehrst du dich, wenn das geschieht? Sagst du etwa: „Oh nein, ich bin wieder glücklich und ich habe doch gehofft, dass mich dieses Glücklichsein nicht mehr erwischen würde"? Glücklichsein gehört in der Regel nicht zu den Dingen, gegen die wir uns wehren. Daher vergeht es auch wirklich schnell. Wenn wir jedoch aufgebracht oder traurig sind, haben diese Zustände die Neigung, sich länger hinzuziehen, weil wir im Allgemeinen nicht aufgebracht oder traurig sein möchten, wenn wir aufgebracht oder traurig sind. Wenn du nicht in Übereinstimmung damit bist, wie sich dein Leben in diesem Augenblick zeigt, so ist dies eine Form des Widerstands. Und denke daran: Widerstand führt dazu, dass eine unerwünschte Situation bestehen bleibt.

Betrachte dein Leben und sieh, ob sich nicht alles, wovon du dich zu befreien versucht hast, auf irgendeiner Ebene festgesetzt hat. Diejenigen Dinge, an denen du dich stößt, die dich sagen lassen: „Ich muss etwas verändern, ich sollte wirklich nicht so sein", lösen sich nicht auf. Das ist das erste Prinzip.

Um es noch einmal zu wiederholen, das zweite Prinzip lautet: „Zwei Dinge können nicht denselben Raum zur selben Zeit einnehmen." Wenn du es dir jedoch zugestehst, das zu fühlen, was du fühlst, wenn du es fühlst (das ist das dritte Prinzip), wird es sich klären und verschwinden.

Bewusstsein, ein Erforschen ohne Beurteilung, kann dich von alten Mustern befreien – selbst von solchen Dingen, die seit Jahren bestanden haben, gegen die du dich gewehrt hast, die du loszuwerden versuchtest und weshalb du gute Vorsätze zum neuen Jahr gefasst hast. Wenn du es dir zugestehst, mit etwas eins zu sein, so verliert es seine Macht über dich. Wenn du dich jedoch gegen ein altes Verhaltensmuster wehrst, gibst du ihm die Macht über dein Leben.

Damit legen wir dir eine Seinsweise nahe, zu der es gehört, dich deinem Leben hinzugeben und dich nicht dagegen zu wehren, wie sich dein Leben in jedem einzelnen Augenblick zeigt. Dein

Leben stellt sich so dar, wie es ist, und nicht anders. Beispielsweise kannst du nicht stehen, wenn du sitzt. Was du nun mit deinem Leben, so wie es sich zeigt, machst, bleibt dir überlassen.

Wir wollen nun auf das erste Prinzip zurückkommen. Wenn du dich gegen bestimmte Umstände in deinem Leben wehrst, bleiben sie bestehen. Wenn du dagegen diese Umstände einfach zur Kenntnis nimmst, ohne das zu beurteilen, was du siehst, und lediglich sagst: „Okay, so ist mein Leben nun einmal", vollenden sich unerwünschte Verhaltensmuster. Du kannst etwas jedoch nicht „akzeptieren" als Mittel, um es loszuwerden, zu ändern oder zu verbessern. Das ist keineswegs mit Akzeptanz gemeint. In Wirklichkeit ist Akzeptanz mit dem Vorsatz, die Situation zu verändern, nur ein Trick, das zu bekommen, was man möchte, anstatt das zu erfahren oder eins mit dem zu sein, was man hat. Transformation gelingt nicht auf diese Weise. Doch wenn du dich tatsächlich und aufrichtig für das entscheidest, was du hast, wenn du es hast, dann verschwindet es.

Damit kennst du nun die Prinzipien der Transformation in einer begrifflichen Form. Vielleicht würdest du gerne ein praktisches Beispiel hören.

Im Jahre 1982, als wir beide unsere dritte Verabredung hatten, kam es zu einem dramatischen Zwischenfall. Dabei machten wir eine Erfahrung aus erster Hand, die uns die Transformationsprinzipien in Aktion vorführte. Die folgende Geschichte ist aus Ariels Sicht erzählt.

DIE BRANDWUNDE

Ein herrlicher Sonntagmorgen Ende August, die Stadt New York schien sich für die vor ihr liegende Woche auszuruhen. Es war die Art von Morgen, wo man die Hauptstraßen auf der ganzen Länge hinauf- und hinuntersehen konnte. Welch ein prächtiger Tag für eine Fahrt nach Jones Beach auf dem Rücksitz von Shyas Motorrad, einer Yamaha 650 Special „Old Blue". Wir hatten unsere Handtücher und den Sonnenschutz hinter dem Sitz verstaut und so vorbereitet verließen wir die Stadt.

Wir hatten den Eindruck zu fliegen. Wir waren beide mit Shorts und T-Shirts bekleidet, unsere Köpfe durch Helme mit Visieren geschützt, und die Morgensonne fühlte sich gut auf meiner Haut an.

Welch ein köstlicher Tag im Leben! Selbst die Verkehrsampeln schienen auf unserer Seite zu sein.

Kurz nachdem wir durch die Unterführung nach Queens gebraust waren, nahmen wir eine Ausfahrt und fuhren zu einer geöffneten Tankstelle. Shya hielt bei der Zapfsäule an, stellte „Old Blue" auf den Kickständer und öffnete den Tank, um ihn aufzufüllen.

Ich beschloss, meine Beine etwas zu strecken, und begann von dem Motorrad abzusteigen, als ich einen heftigen, brennenden Schmerz spürte. Mit einem lauten Schrei sprang ich ab und schaute auf meine linke Wade hinab. Ich sah eine offene Wundstelle, von der ein verbranntes Stück Haut herabhing. Ohne es zu merken, hatte ich mein Bein direkt gegen den heißen Auspuff gehalten. Ich war wie vom Donner gerührt.

Ich starrte auf meine Verletzung und fand langsam eine Erklärung für das Offensichtliche: „Ich glaube, ich habe mein Bein verbrannt."

Nur ein einziger Blick klärte Shya über die ganze Geschichte auf und ließ ihn handeln.

„Eis!"

Die Tankstelle hatte kein Eis. Daher rannte Shya los, weil er versuchen wollte, etwas aufzutreiben. Aber nicht mal ein kleiner Laden oder ein Café hatte geöffnet. Wir drückten dem Tankstellenwärter eine Fünfdollarnote in die Hand und fuhren rasch los, um nach Jones Beach zu kommen, das die nächstgelegene Alternative für Eis zu sein schien. Der Fahrtwind auf der Brandwunde war schlimm. Die Luft, die nur Augenblicke zuvor Freiheit zu bedeuten schien, brachte nun Feuer mit ihrer Berührung. Der anfängliche Schock über die Verletzung war verflogen. Nun weinte ich ungehemmt, während ich Shya fest um die Taille gepackt hielt und wir zum Strand rasten.

Zu dem Zeitpunkt, als wir auf dem Parkplatz anhielten, war ich außer mir vor Schmerz. Shya fuhr an den Bordstein heran, stieg ab und ergriff unsere Sachen. Dann reichte er mir die Hand und ich humpelte zu einem Verkaufsstand, wo es sicher Eis und etwas Linderndes zum Kühlen gab.

Ich stand zitternd daneben, fast stumm vor Schmerz, während Shya zu der erstbesten Verkäuferin hinter dem Ladentisch lief.

„Schnell, ich brauche etwas Eis. Meine Freundin hat sich schwer verbrannt."

Ich drehte mich um, um ihr mein Bein zu zeigen, das nun weiß und rot war, rohes Fleisch, völlig versengt und ekelerregend anzusehen. Manchmal, wenn ich jemanden mit einer besonders unangenehm aussehenden Schürfwunde sehe, habe ich eine Sinneswahrnehmung, die mich im Magen oder in der Leistengegend durchzuckt, da ich mir den Schmerz vorstellen kann. Wäre ich eine zufällige Beobachterin gewesen, dann hätte der Anblick meines Beines sicher eine ähnliche Anwandlung hervorgerufen.

Mit einer schwungvollen Bewegung füllte der Geschäftsführer einen großen Becher mit Eis und sagte: „Es tut mir Leid mit Ihrem Bein. Kommen Sie nur ja wieder, wenn Sie mehr brauchen."

Ich hüllte die Eiswürfel in eine Serviette ein und presste das Kalte zögernd auf meine Wunde. Die Berührung des Papiers war qualvoll und ich stellte fest, dass ich zitterte. Als das Eis zu schmelzen begann und mein Bein herabtröpfelte, fand ich endlich ein wenig betäubende Linderung.

Schließlich teilten Shya und ich uns einen Teller mit fettigen Pommes frites und Ketchup und mir wurde klar, dass ich mich an diesem Tag nicht auf mein Handtuch legen und sonnen würde. Schon der Gedanke an Sand auf meiner Wade ließ mich zusammenzucken. Daher blieben wir am Tisch sitzen, beobachteten die Leute, nippten an einem Riesenglas Cola und schauten auf das verlockende Meer in der Ferne, während wir darauf warteten, dass das Kältegefühl sich ausbreiten und die brennende Stelle an meiner linken Wade beruhigen würde.

Als der Schmerz endlich weitgehend unter Kontrolle war, beschlossen wir, den Schaden zu begrenzen und nach Hause zu fahren. Ich füllte meine Serviette wieder mit Eisstückchen für die

Rückfahrt in die Stadt auf und wir gingen zum Parkplatz, wo „Old Blue", unser treues Stahlross, stoisch unsere Rückkehr erwartete.

Es gab nur ein Problem bei diesem Plan: Bis wir beim Motorrad angekommen waren, war der Schmerz in meinem Bein zehnfach stärker wieder aufgeflammt und jede Bewegung war zu einer Qual geworden, da sich der Wadenmuskel bei jedem Schritt unter der Wunde beugte und zusammenzog. Es fühlte sich an, als würde die Haut austrocknen und aufspringen, und das Pochen, das durch die Eiskompressen weitgehend in Schach gehalten worden war, fing wieder kräftig an.

Ich setzte mich auf den Bordstein neben das Motorrad, drückte die Kompresse gegen mein Bein, legte den Kopf auf meine Knie und begann zu weinen. Ich konnte fühlen, dass meine Schultern unter meinen Schluchzern hin und her schwankten, doch sie konnten ebenso wenig unter Kontrolle gehalten werden wie das heftige Pochen durch die klägliche Menge Eis, das ich noch in der Serviette hatte. Schon der bloße Gedanke an Wind, der auf dem Heimweg über die offene Wunde streichen würde, reichte aus, um mein Schluchzen zu verstärken.

Shya setzte sich neben mich und nahm meine freie Hand in seine. Sanft drang seine Stimme an mein Ohr: „Ariel, lass uns nun den Schmerz zusammen ansehen."

„NEIN! Fass es nicht an!", schrie ich und beugte mich schützend über das Bein.

„Ariel", fuhr er ruhig fort, „ich möchte es nicht anfassen. Lass uns nur den Schmerz untersuchen. Okay?"

Zögernd hob ich den Kopf. Ich blickte in seine forschenden Augen und nickte langsam, während mir die Tränen das Gesicht herabströmten.

„Vertrau mir", sagte er.

Als ich in seine Augen schaute, hatte ich keinen Zweifel daran, dass ich diesem Mann vertrauen konnte. Da war eine Ruhe in ihm – eine Festigkeit, die sich auf mich zu übertragen schien. Mein hysterisches Schluchzen legte sich etwas; mir lief die Nase und ich hatte Schluckauf. Doch immer noch liefen mir die Tränen lautlos über die Wangen, denn während ich mir wünschte, aus meiner Haut schlüpfen und sie abstreifen zu können, war der Schmerz in meinem Bein sehr real und quälend und kein noch so großer Wunsch, es wäre anders, schien die Situation zu verändern.

„Bist du bereit?", fragte er. Ich nickte und so fingen wir an.

Ich wusste damals nicht, dass wir eine wundersame Handlung ausführen würden. Ich wusste nur, dass wir den Schmerz ansehen würden – was auch immer das bedeutete.

„Okay, Ariel. Mach die Augen zu und sieh den Schmerz mit deinem geistigen Auge an. Wenn der Schmerz an deiner Wade eine Farbe hätte, welche Farbe wäre es dann?"

Das war leicht. „Feuerrot."

„Gut. Wenn er nun kaltes Wasser fassen könnte, wieviel Wasser würde er dann fassen?"

Blitzschnell kam mir das Schwimmbecken meiner Universität, des Mt. Hood Community College, in den Sinn. Daher sagte ich Shya, der Schmerz würde so viel Wasser fassen wie „ein Schwimm-becken von olympischer Größe".

„Okay", sagte er. „Wie sieht es jetzt damit aus? Wenn er eine Form hätte, welche Form wäre es dann?"

„Flach, eine Art von Oval mit rauen und unebenen haar-scharfen Kanten, die hervorstehen."

„Gut, Ariel. Du machst deine Sache ausgezeichnet. Sieh dir nun den Schmerz wieder an. Welche Zahl hat dein Schmerz jetzt auf einer Zehnerskala, wobei 10 für unerträglich steht und die Null kein Schmerz ist?

„23."

Ich wusste, dass die Zahl, die ich ihm nannte, außerhalb der Skala lag, aber ich kümmerte mich nicht darum. Mein Bein tat weh und es tat verdammt stark weh.

„In Ordnung. Und wenn er genau in diesem Augenblick eine Farbe hätte, welche Farbe wäre es dann?"

Als ich hinschaute, hatte sich die Farbe verändert. Sie war nun ein Orangerot mit aufflammenden Stellen in einer dunkle-ren Farbe und das berichtete ich. Shya arbeitete mit dieser Methode weiter und leitete mich fortwährend dazu an, die Form, die Farbe, die Zahl und die Wassermenge, welche die Stelle auf meinem Bein nun umfasste, jetzt und jetzt und immer wieder anzusehen. Jeder Augenblick wurde zu einem separaten Juwel in der Kette der Zeit. Nicht etwas, was es zu vermeiden oder zu ignorieren galt, nicht im Vergleich mit dem vorangegangenen Augenblick zu sehen. Die Augenblicke wurden zu einzelnen Facetten, die es zu untersuchen und zu beschreiben galt.

Beim Anschauen geschah etwas Erstaunliches. Die Farbe veränderte sich über Gelb- zu Blau- und Grüntönen, schließlich wurde sie weiß. Die Wassermenge schrumpfte auf fünf Liter, dann auf einen Liter, auf eine Tasse zusammen und konnte am Ende nur noch mit Teelöffeln und dann tropfenweise gemessen werden. Selbst die Form schrumpfte auf die Größe eines Stecknadelkopfes zusammen und auch die Zahlen, die ich der Schmerzintensität zuordnete, gingen auf 2 und dann auf 1 zurück.

Wir hatten es geschafft! Wir hatten dem Schmerz direkt ins Auge gesehen und er war verschwunden, hatte sich aufgelöst, war transformiert. Ich empfand ein tiefes Gefühl der Erleichterung. Und es war auch kein Taschenspielertrick. Vorsichtig stand ich auf und lief ein bisschen herum. Auf irgendeine Weise war der Schmerz sogar noch mehr weggenommen worden, als er durch zwei Riesenbecher voller Eis gekühlt worden wäre. Nicht einmal bei der Heimfahrt, als der Wind sich um mein Bein legte, flammte die Sinneswahrnehmung wieder auf.

JEDER AUGENBLICK WURDE ZU EINEM SEPARATEN JUWEL
IN DER KETTE DER ZEIT.
NICHT ETWAS, WAS ES ZU VERMEIDEN ODER ZU IGNORIEREN GALT,
NICHT IM VERGLEICH MIT DEM VORANGEGANGENEN AUGENBLICK ZU SEHEN.
DIE AUGENBLICKE WURDEN ZU EINZELNEN FACETTEN,
DIE ES ZU UNTERSUCHEN UND ZU BESCHREIBEN GALT.

Wenn wir in dieser Situation wieder die Prinzipien der Transformation betrachten, haben wir Folgendes getan:

1. Wir wehrten uns nicht gegen das, was war, das heißt, den Schmerz oder die Tatsache, dass Ariel sich verbrannt hatte.

Die meisten Menschen halten an der Vorstellung fest, dass Schmerz statisch und immer gleich sei. Das trifft nicht zu.

2. Wir sahen den Schmerz von Augenblick zu Augenblick an, um seine Wahrheit in jedem Augenblick zu betrachten und zu erkennen, dass der Schmerz nur so sein konnte, wie er war.

3. Indem wir den Schmerz tatsächlich so sein ließen, wie er war, vollendete er sich selbst und verschwand.

GLÜCKLICHSEIN

Seit unserer Kindheit haben wir uns die Vorstellung zu Eigen gemacht, dass es besser ist, glücklich zu sein. Jeder weiß, dass es besser ist, glücklich und froh anstatt traurig und zornig oder verwirrt und unsicher zu sein, was man mit seinem Leben anfangen soll. Daher versuchen die Menschen, glücklich zu sein.

In den Vereinigten Staaten verfolgen wir den „Amerikanischen Traum". Es ist uns beigebracht worden, dass es uns Zufriedenheit schenken wird, den richtigen Job zu kriegen oder bestimmte Dinge zu besitzen. Und natürlich glauben viele, dass es ewige Glückseligkeit bringen wird, den perfekten Jemand, unseren Seelengefährten, zu finden. Dem ist offenkundig nicht so. Wie viele von uns haben ihre Traumbeziehung gefunden, die sich dann in einen Alptraum verwandelte?

Erinnerst du dich noch daran, wie aufgeregt du warst, als du jene Puppe, ein bestimmtes Spielzeug oder ein Sammelbild von deinem Lieblingssportler bekommen hast? Oder was es später für ein Gefühl war, endlich dein erstes Auto, eine eigene Stereoanlage oder jenen Verlobungsring zu bekommen? Heute sind diese Spielsachen und Besitztümer seit langem ausrangiert, vergessen oder in deinem Alltagsleben zu einer Selbstverständlichkeit geworden. Vor allem diejenigen von uns, die ein gutes Händchen dafür gehabt haben, Besitz zu erwerben, haben entdeckt, dass diese Form des Glücklichseins bestenfalls vergänglich ist.

Manche haben ihren „Seelengefährten" gefunden und wundern sich, warum es in anderen Lebensbereichen nicht klappt, fragen sich, ob das Leben vielleicht mehr als nur eine tolle Beziehung ist. Es ist noch nicht allzu lange her, dass es genügte, eine Familie zu haben – doch heutzutage ist es kein Geheimnis mehr, dass Kinder großziehen harte Arbeit und manchmal auch Stress bedeutet.

Was sollen wir also tun? Es scheint so, als ob unsere Mythen und abergläubischen Vorstellungen, die als Wegweiser in den utopischen Zukunftstraum dienen sollten, unterwegs über Bord geworfen werden. Doch die meisten von uns werden mit derselben Fra-

ge zurückgelassen, die uns wie ein Lied begleitet und sich wie Variationen über ein Thema unser ganzes Leben lang wiederholt:

Wie kann ich in diesem Leben wahres und dauerhaftes Glück finden?

Nachdem wir beide viel gesucht und an uns gearbeitet, uns gegenseitig angespornt und vorwärts geschubst haben, sind wir unerwartet auf etwas gestoßen, was zu einem fortwährenden Gefühl von Zufriedenheit und Wohlbefinden geführt hat – ein Zustand, der sowohl das Gefühl von Glücklichsein als auch das gesamte Spektrum der menschlichen Emotionen einschließt. Wir haben diesen Augenblick, das Hier und Jetzt, gefunden und dadurch auch die Antwort auf jene uralte Suche nach dauerhafter Erfüllung und Zufriedenheit. Wahres und dauerhaftes Glück kann nur jetzt, in diesem Augenblick, gefunden werden.

Das Leben der meisten Menschen ist zum Teil deshalb nicht glücklich, weil sie „Glück" zu einem ersehnten Zustand ernannt haben und dann jeden anderen Zustand ablehnen oder verurteilen. Das hält sie in der Emotion oder der Lebenssituation fest, gegen die sie sich wehren.

SOLANGE DU NICHT BEREIT BIST, SO ZU SEIN, WIE DU BIST
– UND ZWAR IN JEDEM GEGEBENEN AUGENBLICK –,
KANNST DU NIEMALS GLÜCKLICH SEIN,
WEIL GLÜCK NUR EINER DER VIELEN GEFÜHLSZUSTÄNDE IST,
ZU DEREN ERFAHRUNG MENSCHEN FÄHIG SIND

Wenn wir uns gegen einen Gefühlszustand wehren, der zufällig in diesem Augenblick da ist, und stattdessen einen anderen Gefühlszustand bevorzugen, wie etwa glücklich zu sein, dann stecken wir in der Emotion fest, gegen die wir uns wehren. Wenn du zum Beispiel nur sonniges Wetter magst und dann eine Wolkenwand auftaucht, wirst du dich wahrscheinlich nicht damit abfinden und Zeit und Energie auf den Versuch verwenden, die Wolken anzuhalten, anstatt sie durchziehen zu lassen. Deine Anstrengungen, die heiteren Zeiten zurückzugewinnen, sorgen tatsächlich für ständiges Regenwetter am Himmel. Wie oft siehst du jemand lächeln und kannst erkennen, dass er nur vorgibt, glücklich zu sein, während er in Wirklichkeit leidet? Er ist aus seinem Gleichgewicht gebracht.

Wir wollen damit sagen, dass sich die Situation entspannen kann, wenn du bereit bist, das zu erfahren, was in diesem Augenblick in deinem Leben geschieht. Wenn du zum Beispiel traurig bist und dich nicht dagegen wehrst, dich nicht bemühst, dich davon frei zu machen, und nicht versuchst, statt dessen glücklich zu sein, sondern dich einfach nur das Gefühl von Traurigkeit empfinden lässt, wird es sich selbst vollenden.

Die meisten Menschen sind in ihrem Leben damit beschäftigt, solchen Erfahrungen und Gefühlszuständen, die sie für negativ halten, aus dem Weg zu gehen. Wenn diese „negativen" Erfahrungen oder Gefühlszustände ausgespart werden und wir so zu leben versuchen, als ob sie nicht existierten, bleiben sie als vorherrschende Themen weiter bestehen und keine noch so große Leistung, kein Besitz und keine Schönheitschirurgie werden daran etwas ändern. Daher werden wir zu Gefangenen unseres Bemühens, unangenehme Erfahrungen in unserem Leben zu vermeiden, weil wir lieber „glücklich" sind.

Das eigentliche Wesen von wahrem Glück erwächst aus deiner Bereitschaft, das zu erfahren, was zwischen dir und dem Glück steht. Die meisten Menschen sind nicht gewillt, dies zu tun, und müssen sich daher mit einem schwachen Abglanz begnügen. Aber du kannst nicht eins mit dem Gefühl von Traurigkeit sein, um es dadurch zu überwinden, denn das ist gleichbedeutend damit, überhaupt nicht eins damit zu sein. Das ist nichts als der Versuch, dich selbst zu manipulieren, damit du wieder das erreichen kannst, wovon dein Verstand dir sagt, dass es dich glücklich machen wird.

Bist du jemals mit einem Menschen zusammengewesen, der wirklich traurig war? Wir sprechen hier nicht davon, dass einer herumjammert, sich selbst bemitleidet oder die Gemütsbewegung dramatisiert, damit er sie nicht wirklich erfahren muss, sondern von jemand, der es sich tatsächlich zugesteht, an die tiefe Quelle von Trauer oder Schmerz – vielleicht um den Tod eines geliebten Menschen – zu rühren. Vielleicht bist du auch mit jemand zusammengewesen, der dem Tod nahe war. Das Zusammensein mit jemand, der sich in diesem Zustand befindet, ist kostbar. Es ist eine lebendige Erfahrung. Sie kann heilend sein und, was erstaunlich ist, als schön empfunden werden. Manchmal geschieht es in solchen Augenblicken, dass Menschen plötzlich erkennen, was echte Vertrautheit bedeutet – sie entdecken ihre Fähigkeit wieder, zu lieben und Mitgefühl zu haben.

NUR INDEM DU SO BIST, WIE DU BIST,

KANNST DU JENEN SCHWER FASSBAREN ZUSTAND

DER ZUFRIEDENHEIT ERREICHEN

UNBEWUSSTE LEBENSREGELN: WORMS – „WRITE ONCE READ MANY" – „EINMAL SCHREIBEN, VIELE MALE LESEN"

Die Entscheidungen, die wir frühzeitig im Leben getroffen haben, bleiben oft unwidersprochen und geraten in Vergessenheit. Hast du einmal darüber nachgedacht, dass dein innerer Dialog in Wirklichkeit eine Ansammlung von alten Aufzeichnungen sein könnte, die für den gegenwärtigen Augenblick eigentlich nicht relevant sind?

Der Mensch soll pro Tag ungefähr 187.000 Gedanken haben, von denen er 98 % auch am Vortag und am Tag vor diesem hatte. Der menschliche Geist funktioniert auf ähnliche Weise wie ein auf Playback eingestelltes Tonbandgerät, das uns mit alten Informationen versorgt, so als wären sie nagelneu.

Der Kommentar über dein Leben, der sich in der Verborgenheit deiner eigenen Gedanken abspult, ist wie ein glänzendes Geldstück, das an einer Schnur hängt. Manchmal dreht sich die Schnur in die eine Richtung und helles Licht fällt auf dein Geldstück; dann denkst du dir, dass du deine Sache nicht schlecht machst. Zu anderen Zeiten wenden sich deine Gedanken in die andere Richtung und wecken die Vorstellung, dass das, was du tust, überhaupt keinen Sinn hat, oder dass nichts, was du tust, jemals etwas ändern wird. Die meisten von uns sind von diesem sich drehenden und wendenden Geldstück wie hypnotisiert. Es gefällt uns, wenn es in die Richtung kreist, die unsere Stärken lobt, und wir beklagen die Zeiten, wenn es zu jenen alten, sich selbst unterschätzenden Gedanken zurückschwenkt. Wenn du auf eine wirklich befriedigende Weise leben willst, dann ist es unbedingt notwendig, dass deine Aufmerksamkeit nicht mehr auf die Verlockung des glänzenden Geldstücks, auf deinen unwiderstehlichen inneren Kommentar gelenkt wird – ob er sich nun für oder gegen deine augenblicklichen Lebensumstände ausspricht.

Dein Verstand arbeitet wie ein Computer. In der Computertechnik gibt es ein aus Anfangsbuchstaben zusammengesetztes Kurzwort (Akronym) für eine Art von Datenspeicher oder Suchsystem, das WORM heißt, was für *Write Once Read Many* = „einmal schreiben, viele Male lesen" steht. Mit diesem System lassen sich Informationen auf Dauer bewahren. Die Daten können nicht gelöscht und niemals verändert werden. Sie stehen dir daher zur Verfügung und du kannst sie, als wären sie neu, so oft wie du willst lesen.

Auch unser Verstand ist voller WORMs. In Augenblicken von Stress oder Einschränkung oder in Zeiten, wenn unser Überleben bedroht zu sein scheint, treffen wir Entscheidungen, um zu vermeiden, dass sich solche Dinge wiederholen, die unserer Meinung nach die Krise verursacht haben. Entscheidungen – selbst jene, die vor langer Zeit getroffen wurden – sind in deinem Verstand auf eine Art und Weise gespeichert, dass du sie viele Male so lesen kannst, als wären sie nagelneu, zutreffend für den gegenwärtigen Augenblick und auf deine jetzigen Lebensumstände anwendbar.

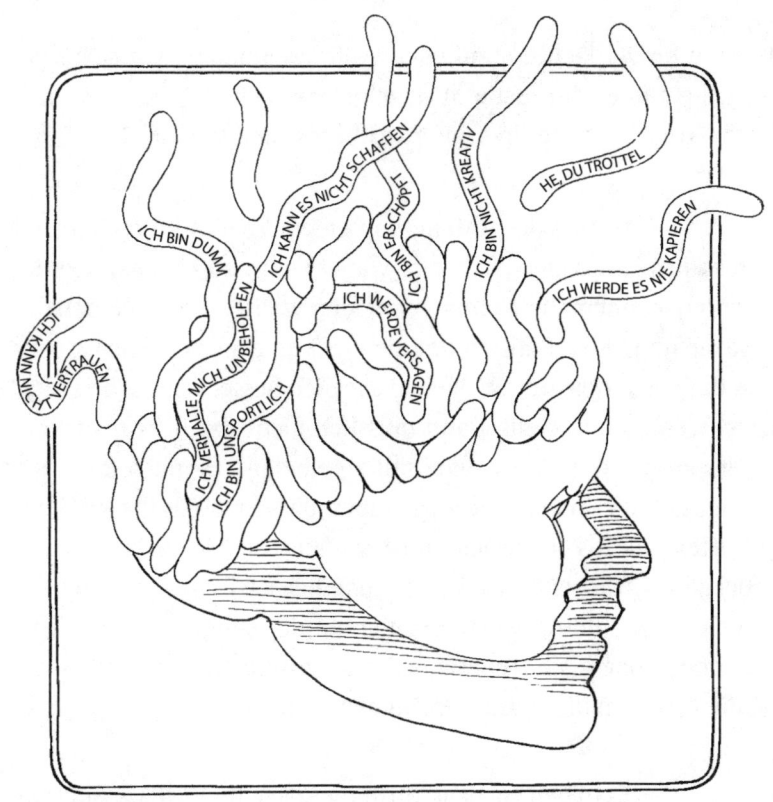

Wenn diese Entscheidungen einmal aufgeschrieben, das heißt, uns selbst gegenüber erklärt sind, sieht sie der Verstand im Laufe der Zeit als Wahrheiten an. Hat dann eine aktuelle Situation in deinem Umfeld Ähnlichkeit mit dem Zeitpunkt, wo jene Entscheidung getroffen wurde, dann verschafft dein Verstand sich Zugang zu dem WORM und spielt ihn wieder ab, so als handele es sich um eine völlig neue Situation.

Das folgende Beispiel zeigt, wie das funktioniert. Nehmen wir an, der kleine Willi wurde im Schulunterricht aufgerufen, um eine Frage zu beantworten. Er war der Meinung, die richtige Antwort zu kennen, doch als er sie laut aussprach, war sie falsch. Die anderen Kinder lachten und nach Willis Meinung schien sich selbst der Lehrer über ihn lustig zu machen. Da ließ Willi die Schultern sinken, rutschte tiefer in seine Bank hinein und sagte sich ...

Das ist der Anfang von einem WORM. In diesem Falle kam es dazu, als Willi nicht gefiel, was er empfand, und er außerdem erneute Unannehmlichkeiten vermeiden wollte. Die Logik dabei ist etwa die folgende: „Puh, das hat mir nicht gefallen. Ich möchte nicht, dass das wieder passiert. Vielleicht sage ich besser, ich weiß es nicht, selbst wenn ich es weiß. Dann muss ich nicht das Risiko eingehen, wieder ausgelacht und gedemütigt zu werden." Damit setzt er eine Lebensstrategie in Gang, vergisst aber, dass er diese Entscheidung getroffen hat. Als er erwachsen ist, wundert sich Willi dann, warum er bei geschäftlichen Sitzungen so zögerlich ist. Es frustriert ihn, dass ihm die Ideen und Antworten immer auf der Zunge zu liegen scheinen, doch andere sie stets schneller auszusprechen scheinen – und sie die Anerkennung dafür bekommen, er nicht.

Es folgen ein paar Musterbeispiele für WORMs. Sind welche von dir dabei?

Ich will nicht, dass dies noch einmal passiert.

Ich werde nie so sein wie sie.

Ich möchte nicht wieder so verletzbar sein.

Ich kann Männern nicht vertrauen.

Ich kann Frauen nicht vertrauen.

Ich werde nie Erfolg haben, warum sollte ich es also versuchen?

Ich bin nicht attraktiv.

Ich habe die Nase voll von Verabredungen.

Ich bin unsportlich.

Ich bin nicht intellektuell genug.

Ich bin dumm.

Ich bin erschöpft.

Ich kann es nicht schaffen.

Es ist schwer, an Geld zu kommen.

Was ich auch mache, es ist nicht gut genug.

Ich trete unbeholfen auf.

Ich bin in praktischen Dingen nicht begabt.

Man mag mich nicht, denn ich bin zu ... klein, groß, dick, dürr, alt, jung, arm, reich, ungebildet, überqualifiziert, nett, gemein usw.

Es gibt, vorsichtig geschätzt, eine Million weiterer WORMs, doch wollen wir uns auf diese kurze Aufzählung beschränken.

Manchmal sind WORMs nicht nur Denkprozesse, sondern Emotionen. Nehmen wir als Beispiel eine Person, die als Kind regelmäßig weinte, wenn es bei etwas „Bösem" ertappt wurde. Weil das Kind bereits verstört war, brachten es die Eltern nicht übers Herz, es für seine Tat auch noch zu bestrafen. Auf diese Weise lernt das Kind, mit Hilfe von Tränen zu überleben. Nun ist es erwachsen und immer dann, wenn ein Druck entsteht oder Fehler bei der Arbeit gemacht werden, treten ihm oder ihr ungebeten Tränen in die Augen. „Einmal schreiben, viele Male lesen" – oder: einmal einprogrammiert, immer wieder abgerufen. Als Erwachsene werden wir vielleicht manche dieser reflexartigen, mechanischen Verhaltensweisen nicht gerade schätzen, aber viele dieser Seins- und Beziehungsformen haben uns früher einmal, als wir jünger waren, geholfen. Sie wurden aufgezeichnet und dann spielt der Geist sie als strategische Taktik wieder ab und unser Leben wird zu einer endlosen Wiederholung der Vergangenheit.

Wenn du einmal nichts zu tun hast oder unter Stress stehst, wird dein Verstand automatisch auf ein ihm vertrautes Gespräch auf ungefähr die gleiche Weise zurückgreifen wie ein Computer, dessen Bildschirmschoner deinen Monitor mit Botschaften oder Bildern von fliegenden Toastern ausfüllt. Vielleicht ist die Botschaft „Ich habe immer noch Hunger!" oder „Ich kann damit nicht umgehen, ich gehe!" genauso wenig aktuell oder ernst zu nehmen wie ein Toaster mit Flügeln – außer dass du vergessen hast, dass du einer alten Aufnahme zuhörst.

Allerdings wirst du leicht hinters Licht geführt. Bei einem Plattenspieler kannst du wenigstens die verräterischen Kratzgeräusche von alten Aufnahmetechniken hören. Deine eigenen, ganz persönlichen geistigen WORMs werden jedoch immer feiner und geschliffener, genau wie du selbst dich weiterentwickelst: Sie erhalten quasi einen kostenlosen Upgrade.

ENTSCHEIDUNGEN

Wenn die Physiker recht haben, dann dehnt sich das Universum immer weiter aus. Wenn du eine Regel aufstellst, nach der du lebst, so muss diese einschränkend sein, selbst wenn die Grundvoraussetzung dafür vernünftig war. Wenn du daher einfach nur nach einer einmal getroffenen Entscheidung weiterlebst, ist es dir bestimmt, eine gehemmte und gefesselte Version deiner selbst zu sein.

Das ist damit vergleichbar, einen jungen Baum im Topf zu kaufen und ihn in den Wald hinauszubringen, wo der Boden fruchtbar ist und wo er genau die richtige Menge an Sonne, Regen und Wind bekommen wird. Beim Einpflanzen lässt du den Baum jedoch in seinem ursprünglichen Topf und pflanzt ihn mitsamt dem Behältnis ein. Der Topf bestimmt dann darüber, wie weit der Baum wachsen kann. Er wirkt als Begrenzung, die festlegt, wie tief seine Wurzeln reichen und wie hoch daher seine Äste klettern können. Der Topf, deine Entscheidungen, hemmt nach Kräften deine Fähigkeit zu wachsen; wie in einem zu kleinen Topf fehlen dir die Entwicklungsmöglichkeiten, dein Leben stagniert.

Es ist wichtig, zwischen Entscheiden und Wählen zu differenzieren. Halte dich bitte nicht an den Worten fest, die hier verwendet werden. Wir wollen die Leser dieses Buches nicht dazu veranlassen, ihre Sprache zu manipulieren, sodass sie jetzt nach einem neuen und verbesserten System sprechen, wobei es besser ist, das Wort „Wahl" statt „Entscheidung" zu verwenden. Achte vielmehr darauf, ob du den Unterschied zwischen beiden verstehst, damit du in deinem Leben dazu fähig bist. Dies mag anfangs etwas verwirrend sein und scheint sich hauptsächlich um eine semantische Übung zu handeln. Der Wesensunterschied zwischen dem, was wir als Entscheidung und dem, was wir als Wahl bezeichnen, enthält aber vielleicht den Schlüssel, mit dem du deine innere Zufriedenheit entdecken kannst.

ENTSCHEIDUNGEN KONTRA WAHLMÖGLICHKEITEN

Wir wollen nun die Unterschiede zwischen Entscheidungen und Wahlmöglichkeiten betrachten. Eine Entscheidung wird vom Intellekt her bestimmt und beruht auf deinen Erwägungen. Eine Wahl spiegelt dagegen deine tief empfundenen Sehnsüchte oder echten Wünsche wider. Mit anderen Worten, wenn du etwas entscheidest, dann wägst du das Für und Wider ab und machst im Grunde genommen zwei Spalten, wo du die Argumente für und gegen eine Handlung addierst. Der vorgegebene Weg, den du einschlägst, hängt davon ab, was mehr Gewicht bekommt. Eine Wahl jedoch zieht zwar jedes Für und Wider in Betracht, doch sobald alle Informationen untersucht sind, berücksichtigt sie auch intuitive Sprünge, tief empfundene Regungen und schöpferische Alternativen, die durch bloße Analyse von Tatsachen und einfache deduktive Argumentation vermutlich nicht nahegelegt worden wären. Eine Entscheidung ist vernünftig, während eine Wahl Logik zwar einschließt, aber nicht ausschließlich auf Vernunftgründen beruht.

EINE WAHL IST EINE ÄUSSERUNG DEINES HERZENS

EINE ENTSCHEIDUNG IST DER AUFTRAG EINES WORM

Die Entscheidungen, die du triffst und befolgst, werden bestenfalls von einer jüngeren und unentwickelteren Version deiner selbst beschlossen. Würdest du im Ernst ein zwei- oder dreijähriges Kind fragen, was du mit deinem Leben anfangen sollst und dann nach diesem Ratschlag weiterleben? Doch genau das haben viele von uns im Wesentlichen gemacht. Wir leben aus den Entscheidungen heraus, die in unser Gehirn gelangt sind, als wir noch sehr jung waren.

Damit verhält es sich etwa so wie mit einem Eichhörnchen, das mitten auf der Straße von einem rasch näher kommenden Fahrzeug überrascht wird. Dieses Tierchen weiß nicht, in welcher Richtung es sich in Sicherheit bringen soll; zu Tode erschrocken, trippelt es aufgeregt hin und her, völlig konfus mit ruckartigen kleinen Bewegungen und einem tüchtigen Adrenalinstoß. Zum Glück will es der Zufall, dass es nicht von dem Auto oder Lastwagen zermalmt wird. Nun aber hat das Eichhörnchen sein Verhalten als Überlebensstrategie registriert. Das Tierchen ist nur zufällig nicht überfahren worden. Sein Leben wurde gerettet, obwohl es auf der Fahrbahn blieb. Unser Verstand arbeitet auf dieselbe Art und Weise. Er zeichnet alle Daten auf, auch die vom Zufall bestimmten Informationen, wobei er manchmal beide miteinander verknüpft. In der Regel erkennen wir nicht, dass wir trotz der uns selbst abwertenden Gedanken und unserer Selbstvorwürfe, die wir irrtümlich als einen wesentlichen Grund für unser Überleben registriert haben, unsere Ziele erreichen und im Leben vorwärtskommen.

Du könntest nun die Frage stellen: „Werden denn alle Entscheidungen in einem Augenblick der Kontraktion getroffen?" Die Antwort lautet „Ja". Nehmen wir einmal an, du machst etwas „richtig" und erhältst dafür eine Belohnung oder Anerkennung. Während du das gute Gefühl genießt, sagst du dir: „Mann, das hat ja wirklich gut geklappt. Das werde ich weiter so machen!" Diese Entscheidung beruht jedoch schon auf der Vorstellung, dass du dir selbst nicht zutrauen kannst, auch in Zukunft die richtige Wahl zu treffen, die wieder gute Gefühle auslösen wird. Der Verstand möchte systematisch ordnen, was du seiner Meinung nach richtig oder falsch gemacht hast, um damit dein Überleben zu sichern. Vielleicht mag diese Überlebensstrategie die meiste Zeit über auch begründet sein, aber wenn du alles nur rein mechanisch machst, wirst du früher oder später in Schwierigkeiten kommen. Selbst „gute" Schritte zu wiederholen wird mühsam, weil es die Möglichkeit von neuen, kreativen Lösungen verhindert.

Wie erkennt man also, wann eine scheinbar aus dem Augenblick getroffene Wahl nur ein alter WORM ist? Es gibt einige verräterische Zeichen, die dir helfen, den Unterschied zu erkennen, wann du dich auf authentische Weise selbst äußerst oder wann du in der Rille eines alten, aber vielleicht nicht gerade geliebten Liedes festhängst.

ES IST SCHON HÖCHST MERKWÜRDIG:
MANCHMAL MAG DAS, WOFÜR DU DICH ENTSCHEIDEST,
UND DAS, WAS DU WÄHLEN WÜRDEST, DASSELBE SEIN.
ES GIBT JEDOCH EINEN GEWALTIGEN UNTERSCHIED
IN DER ERFAHRUNG VON ZUFRIEDENHEIT, DIE VON DEM WEG
ABHÄNGT, DEN DU ZU DEINEM ENDZIEL EINSCHLÄGST.

Du kannst diesen Unterschied wirklich daran erkennen, wie zwei Menschen ihre Ziele angehen. Der eine hat entschieden, dass sein jetziges Leben nicht gut genug sei und verfolgt den Plan, sich einen anderen Job zu suchen, eine neue Beziehung einzugehen oder etwas zu kaufen, um das Problem beizulegen. Dieser Bezugsrahmen orientiert sich an einem Problem und seiner Lösung und führt nicht zur Zufriedenheit. Wenn der Betreffende ein Ziel erreicht, wird er vielleicht den momentanen Eindruck von Triumph haben, doch in einem verborgenen Winkel lauert noch ein Gefühl von Unzufriedenheit. Dann kommen die „Wenns und Abers" und die Selbstzweifel, und wenn sich der Druck des Lebens wieder aufbaut, beginnt das ganze Verhaltensmuster von neuem.

Die zweite Person wird vielleicht die gleichen Ziele wie die erste haben. Doch selbst wenn die Schritte, die sie dafür unternimmt, um Erfolge zu erzielen, ähnlich sind – wenn sie nicht in dem Kontext zu sehen sind, dass mit dem Betreffenden etwas nicht stimmt oder dass ihm etwas fehlt, dann kann jeder Schritt der Reise erfüllend und spannend sein. Wenn die zweite Person ein Ziel erreicht, ist dies lediglich eine Ausdehnung der tiefen Zufriedenheit, die er oder sie bereits erfährt.

Ein weiteres Indiz dafür, sich in den Fängen eines WORM zu befinden, ist etwas, was man als „Déjà-vu-Faktor" bezeichnen könnte. Dieses Gefühl bekommst du, wenn dir etwas auf der Zunge liegt, was dich, wenn du es sagst, in einen Konflikt bringen wird, du aber scheinbar nichts daran ändern kannst. Oder wenn du über etwas oder jemand in deinem gegenwärtigen Umfeld aufgebracht bist, es sich aber um das gleiche alte Gefühl handelt, das du schon viele, viele Male vorher gehabt hast.

Wenn du einen wichtigen Schritt in deinem Leben machst und ihn verteidigst, kannst du sicher sein, dass irgendwo eine Entscheidung daran beteiligt ist. Eine Wahl lässt sich nicht verteidigen. Wie kannst du intuitive Ahnungen oder etwas, was du in deinem Herzen weißt, ausreichend erklären oder beweisen?

Wie werden wir also die WORMs wieder los, die wir selbst geschaffen haben? Die gute und gleichzeitig schlechte Nachricht lautet: Das können wir nicht. Vergiss nicht, dass WORM für „Write Once Read Many" = „einmal schreiben, viele Male lesen" steht. Diese Entscheidungen sind festgeschrieben und stehen zur Verfügung, um für immer gelesen zu werden. Du kannst sie jedoch umgehen und Bewusstsein ist der Schlüssel dafür. Wenn du dein Verhalten wie ein moderner Anthropologe zur Kenntnis nimmst, wird es dir möglich sein, dich von alten Entscheidungen frei zu machen. Dies erfordert neutrale Beobachtung, ohne dich für das, was du wahrnimmst, zu bestrafen, zu tadeln oder auch zu beglückwünschen.

WENN DU DEINE GEDANKEN HINTERFRAGST,

UNTERSUCHST UND BETRACHTEST,

OHNE ZU BEWERTEN, WAS DU SIEHST,

DANN IST DAS AUSREICHEND, UM DEN

MECHANISCHEN CHARAKTER DEINES LEBENS AUFZULÖSEN.

Grundsätzlich kannst du zwischen zwei Möglichkeiten wählen: entweder aufgrund von alten Entscheidungen zu handeln oder dein Leben mit neuen Augen zu betrachten und zu sehen, was du aus ganzem Herzen und deiner inneren Wahrheit anstatt aus einer alten Lebensplanung heraus tun möchtest. Mach dir keine Gedanken, wenn du in der Vergangenheit Entscheidungen oder Wahlen getroffen hast. Jeder von uns hat seinen Anteil an beidem. Nachträglich anzuzweifeln, was du getan hast, kann lediglich zu einer neuen Reihe von Entscheidungen führen.

Nachdem du dieses Kapitel gelesen hast, könntest du in der Tat entscheiden, keine Entscheidung mehr zu treffen – du wirst nur noch eine Wahl treffen, weil eine Wahl besser ist. Oh ja, der Geist arbeitet mit allen Tricks.

ZIELE ERREICHEN UND ZUFRIEDENHEIT FINDEN

Menschen warten darauf, durch einen blendenden Blitz der Einsicht oder vielleicht auf einer weniger esoterischen Ebene durch einen Lottogewinn aus ihrem augenblicklichen Zustand oder ihren jetzigen Lebensumständen erlöst zu werden. Sie möchten erreichen, was es in ihrer Vorstellung bedeutet, es zu etwas gebracht zu haben, zu Erfolg gelangt und wirklich erwachsen zu sein. Im spirituellen Jargon bedeutet dies, das Gefühl zu haben, dass wir schon jetzt gerne „erleuchtet" wären und nichts uns jemals dazu veranlassen sollte, nicht mehr in unserer Mitte zu ruhen, uns aufzuregen oder wieder krank zu werden. Zufriedenheit ist jedoch nicht durch äußere Umstände bedingt.

Die Leute sind der irrigen Meinung, dass sie dann zufrieden sein würden, wenn sie nur völlig gesund wären oder den rich-

tigen Job, den richtigen Freund bzw. die richtige Freundin, das richtige Spielzeug hätten. Doch es gibt Ärzte, für die es langweilig und
frustrierend ist, als Arzt zu praktizieren. Es gibt Lehrer, die nur darauf
warten, in den Ruhestand zu gehen. Es gibt Menschen, die alles haben, was man mit Geld kaufen kann, doch sich an ihrem ganzen
Kram nicht freuen können. Andere sind überzeugt davon, den besonderen „Jemand" gefunden zu haben – und doch kann nicht einmal
die Liebe eines anderen die Leere ausfüllen.

Wenn du zufrieden bist, dann bringst du deine Zufriedenheit in den Augenblick hinein und erfüllst deine Lebensumstände damit. Wenn du jedoch unzufrieden bist, dann kann niemand und
nichts dir Zufriedenheit bereiten. Wenn du darauf hörst, was dein
innerer Kommentar dir über deine Neigungen und Abneigungen sagt,
wird dich dies an der Erfahrung eines zufriedenen Lebens hindern.
Im *Hsin-hsin-ming* („Über den Glauben an den Wahren Geist", japan.
Shinjinmei, buddhistisches Lehrgedicht, Anm. d. Übers.), das vor 1400
Jahren von Seng-tsan, dem dritten Zen-Patriarchen, verfasst wurde,
heißt es: „Der Gegensatz zwischen dem, was du magst, und dem, was
du nicht magst, ist die Krankheit des Geistes."

Wie oft lassen wir Arbeiten unvollendet, bloß weil wir
sie nicht gerne tun, werden jedoch die ganze Zeit über von diesen
nicht abgeschlossenen Dingen verfolgt? Wie oft wird unser Schlaf
gestört durch Gedanken an unvollendete Projekte oder an Dinge, die
sich ereigneten und die uns nicht passten?

DIE MEISTEN VON UNS LEBEN IN EINEM ZUSTAND,
IN DEM SIE SICH STÄNDIG ÜBER ETWAS BEKLAGEN

Unsere innere Unterhaltung oder der Dialog, die Stimme, der wir zuhören, mit der wir unseren Namen verbinden und von der wir glauben, dass wir es selbst sind, beklagt sich ständig und meckert darüber, wie falsch das ist, was sich in unserem Leben abspielt – und wie es anders oder besser sein sollte, als es ist. Diese gewohnheitsmäßige Art und Weise des Umgangs mit unserem Leben ist von Generation zu Generation an uns weitergegeben worden. Schon als Kleinkinder haben wir gelernt, die Kultur in uns aufzunehmen, in der wir uns befanden. Darum haben diejenigen, die in Bayern aufgewachsen sind, einen süddeutschen Akzent, und diejenigen, die aus Schleswig-Holstein stammen, klingen wie ein „Nordlicht".

Erleuchtung, Zufriedenheit, Erwachen ereignet sich dann, wenn du so mit deinem Leben umgehst, als wäre das, was du tust, genau das, was du tun solltest, und als wäre deine Situation genau so, wie sie sein sollte, anstatt dich über dein Leben zu beklagen. Dieser Zustand der Erleuchtung ist nicht schwer erreichbar. Er verlangt, dass du ganz im Hier und Jetzt bist. Das ist einfach. Täuschend einfach. So einfach, dass es schwer zu verstehen ist.

Du kannst genau in diesem Augenblick, in deiner gegenwärtigen Lebenssituation, die Entdeckung machen, dass dein Seinszustand bereits erleuchtet ist. In der Tat ist es nur möglich, die Erleuchtung in deiner gegenwärtigen Situation zu realisieren, die du in diesem Augenblick erlebst.

Dein Leben zu akzeptieren, es zuzulassen und so mit ihm umzugehen, als wäre es genau so, wie es sein sollte, ohne dich ins Unrecht (oder ins Recht) für das zu setzen, was du dabei entdeckst, ist der Weg zur Selbst-Verwirklichung. Der Weg zur Erleuchtung besteht darin, dir selbst gegenüber ganz ehrlich die Methoden aufzudecken, wie du auf unbewusst mechanische Weise mit deinem

Leben verfährst, und nicht zu versuchen, etwas dagegen zu unternehmen oder es zu verändern. „Was!", könntest du nun vielleicht sagen, „es nicht verändern?" Ja, denn Selbst-Verwirklichung beruht auf Bewusstsein und nicht auf einem Bezugsrahmen, der sich an einem Problem und seiner Lösung orientiert.

WIDERSTAND GEGENÜBER DEINEN LEBENSUMSTÄNDEN
LÄSST UNZUFRIEDENHEIT FORTBESTEHEN
UND ERZEUGT SCHMERZ

Wie wir bereits gesagt haben, ist Bewusstsein ein Zustand des Seins, nicht des Tuns. Wenn du dir eines Verhaltensmusters bewusst wirst, dann genügt das einfache Bewusstsein dieses Musters, damit es sich transformiert. Wenn du etwas unternimmst, um das Muster zu verändern, wird es weiter bestehen bleiben. Wir wollen damit nicht den Eindruck erwecken, dass es keine Dinge gibt, die in unserem Alltagsleben erledigt werden müssen. Bewusstsein kann Tun einschließen. Dieser Gedanke wird in der Geschichte von einem Meister und seinem Schüler veranschaulicht, die unterwegs durch die Wüste waren. Eines Abends gelangten sie zu einer Oase, wo sie sich ein Lager für die Nacht bereiteten. Als sie am Morgen erwachten, waren ihre Kamele jedoch verschwunden. Da der Schüler die Verantwortung dafür trug, die Kamele jede Nacht anzubinden, fragte der Meister ihn, ob er sie während der Nacht sicher festgemacht habe. Der Schüler antwortete: „Nein, Meister. Du lehrst, dass wir auf Allah vertrauen sollen. Ich habe darauf vertraut, dass Allah für uns auf die Kamele aufpassen würde." Darauf erwiderte der Meister: „Ja, vertraue auf Allah, aber du musst auch die Kamele anbinden."

Wenn du bewusst bist, handelst du angemessen und tust das, was gebraucht und gewünscht wird. Diese Handlungen gehen nicht aus einer Entscheidung hervor, es richtig zu machen. Sie spiegeln nicht deinen Vorsatz wider, „es beim nächsten Mal besser zu machen". Deine Handlungen, die Dinge, die du tust, werden vielmehr zu authentischen Äußerungen deines Wahren Selbst, anstatt etwas auszuführen, wozu du dich entschieden hast, um ein „besserer" Mensch zu werden. Eine Entscheidung zu treffen ist ähnlich, wie „todsicher" Recht zu haben – beides tötet die Alternativen ab.

Bewusstsein führt dazu, dass sich Dinge vervollkommnen und abschließen, wenn dieses Bewusstsein nicht beurteilt und nichts bevorzugt. Auch Seng-tsan, der Verfasser des *Hsin-hsin-ming*, hat dasselbe gesagt: „Der Große Weg ist gar nicht schwer für den, der keine Vorlieben hat." Deine Vorlieben sind aus sozialer Konditionierung entstanden. Sie kommen dann ins Spiel, wenn die Dinge nicht so laufen, wie sie es deiner Meinung nach tun sollten.

Wenn du daran festhältst, im Recht über das zu sein, was du bevorzugst, dann erzeugst du Schmerz und Unzufriedenheit und jegliche Kreativität kommt zum Stillstand. Eine simple Feststellung, dass die Dinge anders sind, als es dir lieber wäre – und schon ist der Weg wieder offen. Entgegen der herkömmlichen Meinung führt Akzeptanz nicht zu Passivität, sondern befähigt den Einzelnen tatsächlich dazu, angemessen statt automatisch zu reagieren. Es stimmt zwar, dass die heutige Zeit Herausforderungen und Veränderungen mit sich bringt, die unsere Vorfahren nie in Betracht zu ziehen hatten; es stimmt aber auch, dass manche Ideen den Prüfstein der Zeit überdauern können.

DER GROSSE WEG

Der Große Weg ist gar nicht schwer
für den, der keine Vorlieben hat.
Wenn es weder Mögen noch Nicht-Mögen gibt,
wird alles klar und wolkenlos.
Trifft du jedoch die geringste Unterscheidung,
klaffen Himmel und Erde unendlich weit auseinander.
Wenn du die Wahrheit erkennen willst,
dann sei weder für noch gegen etwas.
Der Gegensatz zwischen dem, was du magst,
und dem, was du nicht magst,
ist die schlimmste Krankheit des Geistes.

– aus dem *Hsin-hsin-ming von Seng-tsan*

DANKSAGUNG

An diesem Buch haben nicht nur wir beide voller Liebe gearbeitet, sondern auch sehr viele talentierte Freunde, die uns selbstlos dabei unterstützt haben. Wir sind all jenen dankbar, die uns jemals mit ihrer Anwesenheit bei einem unserer Seminare oder einer Beratungssitzung ausgezeichnet haben. Wir empfinden tiefe Wertschätzung all jenen gegenüber, die den verschiedenen Versionen unseres Manuskripts zugehört oder sie gelesen haben und uns Feedback und Ermutigung gegeben haben. Dies vorausgeschickt, möchten wir noch einmal im besonderen all denen von Herzen danken, die uns so sehr geholfen haben.

Zuerst Judith Service Montier, die unseren allersten Workshop in New York organisierte, unsere berufliche Karriere in Gang brachte und uns mit zwei unserer engsten Freunde, Josh und Laura Blau, bekannt machte. Josh verwaltet nicht nur unsere Finanzen und Laura kümmert sich um unsere Verträge usw., sondern beide sind auch unglaubliche Vertraute, Korrekturleser und Kumpels gewesen, mit denen wir unsere Ideen diskutieren konnten. Danke, ohne euch hätten wir es nicht geschafft.

Weitere wichtige Personen sind John Lehman, der unsere ersten Seminare in seinem Musikstudio im West Village von Manhattan beherbergte und uns jetzt mit einer unglaublichen Gruppe von Leuten in Deutschland bekannt gemacht hat; Clardy Malugen, die das Schlagwort „Unmittelbare Transformation" aufbrachte; und Stephanie Teuwen, die so klug war, den Vorschlag zu machen, es als Markenzeichen schützen zu lassen. Steve Stein führte uns auf den Weg zu so vielen Dingen: zu Expos, in die Welt der Audiokassetten und schließlich nach Bali in Indonesien, wo wir nun ein exquisites Tagungszentrum aufgebaut haben. Bill Sayler, Shyas ältester Freund, setzte genug Vertrauen in uns, um uns am Anfang unserer Karriere als Berater auf seine Firma loszulassen; die Herausforderungen, welche die nachlassende Gesundheit seiner Eltern an ihn stellten, haben uns dazu inspiriert, das „Ida"-Kapitel zu schreiben.

Mac und Ellen Jackson hoben unsere Arbeit auf die nächste Stufe und führten uns in die Welt der Unternehmen ein.

Tamara Pomert und Isabelle Soudrie, wir schätzen eure gewissenhaften Abschriften unserer auf Band aufgenommenen Veranstaltungen, die Umwandlung von gesprochenen in geschriebene Worte, sodass wir die Informationen in den Stoff dieses Buches einweben konnten. Ferner danken wir Geert Teuwen für die vielen Stunden, die du mit der Gestaltung und unserem Foto verbracht hast; John DeLillo für die üppigen und wohlriechenden Mahlzeiten, die du zubereitet hast und die uns bei unseren Marathonsitzungen der Textbearbeitung und Gestaltung stärkten; Helene DeLillo für die unglaubliche Umschlaggestaltung der Originalausgabe – du bist wirklich eine Künstlerin; unserem Schwager Barney (Barnett Plotkin), dessen geniale Illustrationen unserem Buch ganz neue Dimensionen hinzugefügt haben. Wir werden ein weiteres schreiben müssen, nur um die Gelegenheit zu haben, wieder mit dir zusammenzuarbeiten!

Catherine Wayland, du bist genau zur richtigen Zeit bei uns eingestiegen und wir schätzen deine Begeisterung und deine Unterstützung hoch ein. Dank auch an Amy und Andrew Gideon, die uns mit der Welt des Internet bekannt machten und die unsere Website gestaltet haben und betreuen. Ihr und euer Team bei TAG Online habt euch eines einschüchternden Mediums angenommen und es leicht und einfach zugänglich für uns gemacht.

Diese Danksagung wäre nicht vollständig, ohne Paul English zu danken, dem Verleger und Herausgeber des *New York Spirit Magazine*, wo regelmäßig unsere Kolumne „In the Moment" erscheint. Für dich zu schreiben hat uns gelehrt, dass es uns gelingen konnte. Wir danken dir auch für den Titelvorschlag für die Originalausgabe dieses Buches, „Working on Yourself Doesn't Work".

Nicht zuletzt sind wir Brett und Mary Yeager sehr dankbar, einem prächtigen Paar, das uns vorwärts drängte und anspornte, ermutigte und uns ehrlich die Wahrheit sagte. Wir sind überzeugt davon, dass dieses Buch ohne sie noch immer ein Traum und keine Realität wäre.

Schließlich möchten wir Stephanie Finnen für ihre gewissenhafte Arbeit danken, sicherzustellen, dass diese deutsche Übersetzung unsere Absicht treu wiedergibt, und ihrem Mann Bob für die Unterstützung, die er ihr bei diesem Prozess gegeben hat.

DIE AUTOREN:
ARIEL & SHYA KANE

Ariel und Shya Kane sind die Pioniere einer tiefgreifenden neuen Bewusstseinstechnik: der „Unmittelbaren Transformation". Sie sind erfahrene Wegbegleiter, die – mit großem Geschick und Humor – den Leser durch den Sumpf des Verstandes in die Klarheit und Brillanz des Augenblicks führen. Die Kanes sind als Berater tätig und leiten Seminare für Einzelpersonen und Paare bis hin zu Großunternehmen in den Vereinigten Staaten, Europa, Costa Rica und in ihrem Tagungszentrum auf Bali (Indonesien). Ihre Arbeit ist auch auf Videokassetten erhältlich und ihre Artikel erscheinen in vielen Ländern.

SEMINAR- UND BERATUNGSANGEBOTE DER KANES

SEMINARE

ABENDE ZUM THEMA „UNMITTELBARE TRANSFORMATION"

Diese Abende bieten spannende Forschungsreisen, welche die Tür zu einem Leben im gegenwärtigen Augenblick öffnen. Jedes Treffen ist eine einzigartige Improvisation, die von den Interessen und Fragen der Teilnehmer gestaltet wird. Diese Abende stellen nicht nur eine Einführung in die Arbeit von Ariel und Shya Kane dar, sondern lassen Menschen auch tatsächlich ihre Fähigkeit entdecken, erfolgreiche Beziehungen herzustellen und Zufriedenheit in allen Lebensbereichen zu erfahren.

WUNDER-VOLLE BEZIEHUNGEN: WIE MAN SIE FINDET, WIE MAN SIE LEBT UND WIE MAN SIE ERHÄLT

Seit ihrer ersten Verabredung im Jahre 1982 und ihrer späteren Heirat im Jahre 1984 haben Ariel und Shya herausgefunden, dass es bestimmte Schlüssel dafür gibt, eine Beziehung zu finden und sie lebendig, anregend und frisch zu erhalten. Ob du nach einem Partner suchst oder bereits die Person deiner Träume gefunden hast – dieser Workshop verrät, wie du wirklich eine wunder-volle Beziehung haben kannst.

125

INTUITION

Erinnerst du dich daran, wie es sich anfühlte, als du ein Kind warst und von Dingen wusstest, aber nicht erklären konntest, woher du sie kanntest? Es ist uns beigebracht worden, dass dieses von Natur aus angeborene Wissen in Wirklichkeit nicht existiert und dass du Dinge durch Nachdenken begreifen oder vernünftige Erklärungen dafür finden musst, woher du das weißt, was du weißt. Es gibt jedoch Phänomene, die auf solche Weise nicht erklärt werden können: übersinnliche Fähigkeiten, die Zukunft voraussagen, die Vergangenheit von Menschen sehen und ihre Gedanken lesen. In diesem Workshop werden diese Bereiche auf lockere und humorvolle Weise erforscht. Dazu gehören eine Reihe von Übungen und Experimenten, die dazu bestimmt sind, dich deine eigenen natürlichen Fähigkeiten, Zugang zu deiner Intuition und Kreativität zu finden, entdecken zu lassen.

TRANSFORMATIVES ZEIT- UND PROJEKTMANAGEMENT

In diesem Kurs lernen die Teilnehmer, wie sie Projekte und Aufgaben erfolgreich und mühelos vollenden können. Dieses humorvolle, lebendige und interaktive Seminar wird dich dazu inspirieren, Projekte auf eine ganz neue Weise zu sehen und eine dramatische Steigerung in der persönlichen und unternehmerischen Produktivität zu erfahren. Die revolutionäre Methode der Kanes für das Zeit- und Projektmanagement wird Stress beseitigen, und das Gefühl, von etwas „überwältigt" zu sein, wird der Vergangenheit angehören.

TRANSFORMATION AM ARBEITSPLATZ:
EIN KOMMUNIKATIONSSEMINAR

Dieses Seminar bietet eine Umgebung, in der die Teilnehmer ihre Kommunikationsfähigkeiten und Verhaltensweisen sowie die Wirkung untersuchen können, die sie unwissentlich auf andere in ihrem Arbeitsumfeld ausüben. In einer locker gegliederten Struktur, die dazu dient, dich die feinen Nuancen echter Kommunikation entdecken zu lassen, wirkt dieser Kurs als eine urteilsfreie Versuchswerkstatt, wo jene unbewussten, reflexartigen Verhaltensweisen offengelegt und aufgelöst werden, die in einer Büroatmosphäre kontraproduktiv sind. Transformation am Arbeitsplatz ist für Menschen aller Berufe geeignet und in besonderem Maße auf solche Firmen und Einzelpersonen ausgerichtet, die mit höchster Effizienz arbeiten möchten und den Wunsch haben, aus ihrer Arbeit eine äußerst befriedigende Erfahrung zu machen.

Einige der Bereiche, in denen frühere Teilnehmer von auffallenden Erfolgen berichtet haben:
- eine erhöhte Fähigkeit, Kunden oder Klienten zuzuhören und auf ihre Bedürfnisse einzugehen
- erhöhte Produktivität
- eine Zunahme der Verkäufe und Abschlüsse
- größere berufliche Zufriedenheit
- besserer Austausch mit Vorgesetzten, Mitarbeitern und/oder Angestellten
- weniger berufsbedingter Stress
- eine geringere Zahl von Krankentagen
- größere Leichtigkeit im Umgang mit „Problem"-Situationen

WOCHENENDEN ZUM THEMA „UNMITTELBARE TRANSFORMATION"

Auf dieser spannenden, tief nach innen führenden Forschungsreise werden die Teilnehmer die Gelegenheit haben, eine direkte Erfahrung von Unmittelbarer Transformation zu machen. Anstatt den Teilnehmern bestimmte Techniken beizubringen, befähigen die Kanes sie dazu, in den Augenblick zu gelangen und ihre von Natur aus angeborene Fähigkeit zurückzugewinnen, nach Belieben in diesen Zustand einzutreten.

Dieser Workshop ist dazu bestimmt, die mechanischen Verhaltensweisen und Grenzen offenzulegen und aufzulösen, die unser Leben einschränken und uns auf unsere Erinnerungen an die Vergangenheit oder unsere Zukunftspläne fixiert bleiben lassen. In diesem Kurs können die Teilnehmer entdecken, dass sie Erfüllung in ihrem Leben finden, ohne an ihren „Problemen" arbeiten zu müssen. Durch leichte und spielerische Übungen und Gruppendiskussionen wirken die Kanes als Katalysatoren, die es den Menschen erleichtern, ihre eigenen Wahrheiten zu entdecken.

Am Ende des Workshops können die Teilnehmer ein tieferes Bewusstsein nach Hause mitnehmen, ein erweitertes Ichbewusstsein, ein erhöhtes Selbstwertgefühl, eine weniger angespannte Einstellung gegenüber vorher belastenden Situationen und eine Stärkung der Fähigkeit, ungeachtet der äußeren Umstände in der Präsenz des Augenblicks zu leben. Als Folge davon entdecken sie eine ehrlichere, echtere und natürlichere Seinsweise, die sie in allen Aspekten ihres Lebens immer leistungsfähiger und zufriedener werden lässt.

DIE KUNST, EIN HEILER ZU SEIN

Wir alle sind Heiler. Ungeachtet unserer Rollen im Leben oder unserer Berufe besitzen wir alle die Fähigkeit, uns selbst zu heilen und eine heilende Präsenz für Menschen in unserer Umgebung zu haben. In diesem Kurs geht es nicht darum, eine weitere Technik zu erlernen. Es geht vielmehr um die Entdeckung des inneren Heilers in jedem von uns, damit wir nach Wunsch Zugang zu diesem Ort finden können. Die Teilnehmer entdecken die Möglichkeit, sich selbst und andere zu heilen, mit einer Schönheit und Einfachheit, die bei weitem das übertrifft, was wir im allgemeinen als Heilung ansehen.

DIE FREIHEIT ZU ATMEN

Dieser Kurs ist für Menschen gedacht, welche die unbewussten Hemmungen auflösen möchten, die ihr Leben einschränken. Der Atem dient als Mittel für das sanfte Eintreten in den Augenblick, das vergangene traumatische Erfahrungen sowohl emotionaler als auch körperlicher Art freisetzen und zu einem auf eindrucksvolle Weise erweiterten Bewusstsein von sich selbst führen kann.

DIE KUNST, ERFOLGREICHE BEZIEHUNGEN ZU HABEN

Stell dir vor, wie es wäre, tagaus, tagein gute Beziehungen zu haben – und nicht nur dann, wenn die Umstände zufällig einmal günstig sind. Die Kanes haben die Geheimnisse dafür entdeckt, wie man Beziehungen frisch, liebevoll und lebendig erhalten kann. Nach mehr als 15-jähriger Ehe werden sie immer noch gefragt, ob sie jung verheiratet sind. Ariel und Shya laden dazu ein, mit dir die wesentlichen Faktoren zu teilen, die Beziehungen aus dem Bereich des Alltäglichen und Durchschnittlichen in den Bereich des Wunderbaren zu versetzen. Dieser Workshop wird dich dazu befähigen, fördernde und erfüllende Beziehungen auf allen Gebieten deines Lebens zu haben. In der Kunst, erfolgreiche Beziehungen zu haben, wirst du deine Fähigkeit wiederentdecken, enge und aufregend tiefe Beziehungen herzustellen – wozu auch diejenige zu dir selbst gehört.

COACHING VON FÜHRUNGSKRÄFTEN

Individuelles Coaching steht für solche Führungskräfte zur Verfügung, die daran interessiert sind, eine umwälzende Steigerung der Produktivität, des Einkommens, des Informationsaustauschs und der beruflichen Zufriedenheit zu erreichen.

FIRMENSEMINARE

Die Kanes veranstalten private Seminare, die auf die Bedürfnisse von individuellen Organisationen oder einzelnen Abteilungen zugeschnitten sind.

PRIVATE BERATUNGSSITZUNGEN

Die Kanes bieten persönliche und telefonische Beratungssitzungen für Einzelpersonen und Paare an. Sie bieten auch individuelle Heilsitzungen an, wobei sie Shyas revolutionäre Methode der Körperarbeit und Schmerzlinderung anwenden, die als Vorläuferin ihrer Technik der Unmittelbaren Transformation anzusehen ist.

Wenn du Kontakt zu den Kanes aufnehmen oder ihr laufendes Seminarprogramm auch im deutschsprachigen Raum kennenlernen oder die monatlich erscheinenden Artikel lesen möchtest, dann informiere dich über ihre Website auch in Deutsch unter

http://www.ask-inc.com

oder schreibe an:

ASK Productions, Inc.
PMB 137
208 E. 51st Street
New York, NY 10022-6500
USA

STIMMEN ZU DEN SEMINAREN UND BERATUNGSSITZUNGEN DER KANES

„Als einer ihrer Freunde zuerst an mich herantrat, damit ich einen Artikel über die Kanes und ihre Arbeit schrieb, erzählte ich ihm davon, wie viele Freunde von Lehrern, Gurus, Lebenshelfern, Therapeuten usw. mit dem allerneuesten Denkansatz oder den gewichtigsten Empfehlungen schon bei mir angeklopft hatten, um mir das Nirvana und frei verfügbare Zeit für ein Interview anzubieten. Ich war nicht daran interessiert und kann mich nicht erinnern, was meinen Geist zugänglich machte. Ich hatte den größten Teil des Jahres eine Therapie gemacht und war frustriert darüber, dass ein solcher Einsatz an Zeit und Geld und Selbsterforschung nur sehr begrenzte Resultate erzielt hatte. Die Vorstellung, mich auf einen weiteren Prozess einzulassen, erschien sinnlos. Jedenfalls beschloss ich trotzdem, an einem ihrer abendlichen Treffen teilzunehmen. Damals wusste ich es noch nicht, aber dies war der Anfang vom Ende der Jahre, die ich an mir selbst gearbeitet habe.

Viel Zeit ist seitdem vergangen. Ich weiß, dass ich dort etwas gefunden habe, was sehr wertvoll für mich ist. Frische Luft kommt mir dazu in den Sinn. Vollkommene Liebe sagt mein Herz dazu."

Paul English, Verleger und Schriftleiter, New York Spirit Magazine

„Seitdem ich mit den Kanes arbeite, habe ich eine 100 %ige Steigerung meines Einkommens erlebt, während ich 30 % weniger an Stunden arbeite. Ich bin leistungsfähiger geworden, weil ich wirklich zuhöre und vorausschauend handele. Ich betrachte Unterbrechungen während meines Arbeitstages nicht mehr als Probleme."

Robert Finnen, Berater für Computer Software

„Ich erinnere mich, dass ich am Ende meines ersten Workshops mit Ariel und Shya Kane gesagt habe: ‚Nichts ist passiert, aber alles hat sich verändert!' Innerhalb von zwei Monaten hatte ich meinen Job aufgegeben, war nach New York umgezogen und lebte mit einem wunderbaren Mann zusammen, mit dem ich nun glücklich verheiratet bin. Zu diesen Veränderungen kam es mit praktisch keinerlei Anstrengung meinerseits, sie geschahen fast magisch. Es wurden keine Entscheidungen getroffen, keine größeren Ziele gesetzt, es gab keine Pläne und Verwicklungen – mein Leben begann sich einfach zu entfalten."

Mary Yeager, Vertrieb, Börse

„Ariels und Shyas wöchentliche Abendveranstaltungen sind immer eine Überraschung und Freude für mich. Jedesmal, wenn ich eine dieser Veranstaltungen besuche, besteht die einzigartige Gelegenheit zu entdecken, wer ich in diesem Augenblick bin – und häufig ist es nicht das, was ich erwartet hatte. Das wundervolle Klima, das geschaffen wird, wenn diese Gruppe zusammenkommt, macht es mir immer leichter, mich aus meinen Gedanken und Sorgen herauszuziehen, aus meinen Wahrnehmungen, wer ich zu sein glaube, wenn ich durch die Tür trete. Ich habe entdeckt, dass Menschen mich wirklich lieben."

Tom Maher, Prokurist einer größeren Investmentbank an der Wall Street

„Ich bin Ariel und Shya Kane an einem Tiefpunkt meines Lebens begegnet. Ich war zu dieser Zeit 47 Jahre alt und arbeitslos. Aufgrund von Stellenabbau war ich aus meiner Führungsposition in der Marketingleitung einer Firma entlassen worden, für die ich zehn Jahre gearbeitet hatte.

Ich begann an den Transformations-Workshops der Kanes teilzunehmen und spürte bald die Bedeutung jedes Augenblicks. Ich entdeckte, dass mein Leben dadurch, dass ich mich mit voller Kraft auf alles einließ, was mir vorgesetzt wurde, auf bedeutungsvolle Weise lohnenswerter wurde.

Während ich weiterhin an Seminaren und Workshops mit den Kanes teilnahm, wurde ich von Staples Direct als Verkaufsrepräsentant im Außendienst eingestellt.

Ich kann ohne Einschränkung sagen, dass ich die Freude und den Erfolg in meinem heutigen Leben, sowohl bei der Arbeit als auch mit meiner neuen Frau, ohne die Anleitung der Kanes nicht hätte erreichen können. Bevor ich ihnen begegnete, hätte ich mir nicht träumen lassen, dass mein Leben so phantastisch sein könnte."

George R. Slatin, Verkaufsleiter für den Bereich Nordost, Staples Direct

„Ich empfehle das Seminar ‚Transformation am Arbeitsplatz' der Kanes jedem sehr, der seine Leistung und berufliche Zufriedenheit auf eindrucksvolle Weise verbessern möchte. Nach dem Workshop hatte sich meine Fähigkeit, zuhören zu können, radikal verändert. Es war so, als wäre ich über Nacht mit einem neuen, besseren Paar Ohren ausgestattet worden!

Als persönliche Assistentin des Direktors der Internationalen Schule der Vereinten Nationen habe ich mit einer Menge von Leuten zu tun. Einer der Gründe, weshalb ich an dem Workshop teilnehmen wollte, war der, dass ich das Gefühl hatte, eine Anleitung in der Handhabung von Situationen mit Menschen zu brauchen, die ich als ‚problematisch' bezeichnen würde, und auch mit solchen, an deren Persönlichkeit man sich aufreibt. Ich bin so dankbar, dass die Schule mir die Gelegenheit gab, an dem Seminar teilzunehmen und die Transformationsmethode der Kanes zu erleben.

Ich bin nun dazu in der Lage, selbst bei Spannungen oder Konfrontationen angemessen auf andere einzugehen. Als Folge davon erfülle ich meine Funktion als Repräsentantin der Internationalen Schule der Vereinten Nationen weitaus erfolgreicher."

Isabelle Soudrie, persönliche Assistentin des Direktors
United Nations International School

„Josh ist Ariel und Shya Kane zuerst im Mai 1988 bei einem Abendseminar begegnet, das sie leiteten. Wir waren noch nicht verheiratet. Er kam voller Aufregung und Begeisterung nach Hause. Er sagte, dass er gerade ein wirklich unglaubliches Paar getroffen habe; sie seien voller Leben und Liebe und ich müsse sie einfach kennen lernen. Wir waren uns damals noch nicht im Klaren darüber, dass unser Leben im Begriff stand, eine Transformation zu erfahren, und ich kann mich nicht daran erinnern, wie dies geschah. Wir wissen nur, dass wir seit dem Kontakt zu den Kanes eine außergewöhnliche Ehe, eine blühende Praxis und eine großartige Tochter haben. Das Leben ist reine Magie."

Josh Blau, amtlich zugelassener Wirtschaftsprüfer
Laura Blau, Rechtsanwältin

„Vor meiner Beratungssitzung für Führungskräfte hatte ich immer nur den Wunsch, dass die Tage schon vorüber wären. Ich verschwendete viel Zeit damit, mich zu rechtfertigen, weshalb ich Projekte aufschob. Ich war nicht sonderlich produktiv. Ich bemitleidete mich selbst, hatte keine Energie, mochte keinen in meiner Umgebung leiden und vermied soweit wie möglich irgendwelche Gespräche.

Nach einer Sitzung mit den Kanes wandelte sich meine Einstellung vollkommen. Meine Arbeit läuft mühelos; ich habe Projekte abgeschlossen, die mir vorher allzu entmutigend oder beschwerlich schienen, um überhaupt damit anzufangen. Ich schätze das Gespräch mit meinen Kunden und Kollegen. Ich finde jeden ausgesprochen kooperativ und beschäftige mich mit allem, was auftaucht, ohne zu zögern oder es aufzuschieben. Um es kurz zu machen: Ich bekomme eine Menge geschafft und habe richtig Freude an meiner Arbeit. Danke, Ariel und Shya!"

Stephanie Finnen, Prokuristin, NORD/LB

„Es ist schwer, die Worte zu finden, um kurz, aber ausreichend die Arbeit von zwei Menschen zu empfehlen, die auf so positive Weise zu meiner persönlichen und beruflichen Entwicklung beigetragen haben, doch empfehlen will ich sie und zwar ohne Einschränkung.

Ich kann nicht genau erklären, wie es passiert ist, doch seitdem ich an den Seminaren der Kanes teilgenommen habe und mit ihnen in einer ‚Coaching-Beziehung' arbeite, hat sich meine Fähigkeit, mit Menschen in allen Situationen umzugehen, auf eindrucksvolle Weise verbessert. Meine Abteilung ist leistungsstärker denn je, meine Verantwortlichkeiten und mein Einkommen haben ständig zugenommen, und meine Familie und ich sind niemals glücklicher gewesen. Die Weisheit, die Zentriertheit und die Einsicht der Kanes haben sich wirklich ausgezahlt! Das steht auch dir zur Verfügung. Ich lege dir nahe, es dir zu holen."

Johnny M. Jackson, Vorstandsmitglied der Olin Corporation

Ariel & Shya Kane

Das Geheimnis wundervoller Beziehungen

Durch unmittelbare Transformation

Durch ihre eigene persönliche Reise haben Ariel und Shya Kane die Geheimnisse entdeckt, wie man Beziehungen frisch, liebevoll und lebendig erhalten kann. Nach mehr als 20 gemeinsamen Jahren werden sie immer noch gefragt, ob sie jungverheiratet sind. „Beziehungsarbeit" ändert nichts" ist eine schnellere und dauerhaftere Technik als jene Methoden, die dazu einladen, sich und seinen Partner zu analysieren und endlose Listen mit guten Vorsätzen aufzustellen, die dann die großen Änderungen bewirken sollen. Hier werden völlig neue Möglichkeiten entdeckt. Und das bedeutet: nicht reformieren und nicht reparieren. Also: nie mehr harte Arbeit mit ungewissem Ausgang. Sondern: „nur noch" transformieren. Ariel und Shya laden mit diesem Buch beziehungsgestresste Paare dazu ein, ihre Beziehungen der Selbstheilung zu überlassen und so ihr Miteinander aus dem Bereich des Alltäglichen und Durchschnittlichen ins Wunderbare zu erheben. Dieses Buch enthält die transformativen „Werkzeuge", um auf allen Gebieten des Lebens fördernde und erfüllende Beziehungen zu haben.

256 Seiten · ISBN 3-89385-464-9
www.windpferd.de

Alejandro Jodorowsky

Der Finger und der Mond

Zen-Geschichten und schlagkräftige Worte dazu

„Der Finger und der Mond" ist eine Auswahl von Zen-Geschichten, Koans und Haikus aus Japan, die uns das Weisheitswissen von Generationen mit einer zeitgemäßen Deutung nahe bringt. Die Worte der alten buddhistischen Meister Joshu, Rinzai oder Gyosan haben nichts von ihrer inspirierenden und ansporenden Kraft verloren: Der Funke springt über und sie ermuntern zur Selbsterforschung, zur Akzeptanz und zu umfassendem Mitgefühl. Die Kommentierungen des Weltbürgers Alejandro Jodorowsky sind weise, psychologisch, magisch, kreativ und eigenwillig wie er selbst – unserer Zeit gemäß. In Kontakt mit dem Zen kam er Ende der Fünfzigerjahre nach Mexiko-Stadt, wo er zum Schüler des japanischen Zen-Meisters Ejo Takata wurde. Seither ist er der tiefgründigen Schlichtheit des Zen-Buddhismus verbunden und erkennt seine eigene überbordende Kreativität als das andere Gesicht der wesentlichen Leere und Stille des Seins.

208 Seiten · Klappenbroschur, zweifarbig
ISBN 3-89385-496-7
www.windpferd.de